WAC BUNKO

二度天皇になった女性

孝謙・称徳女帝の光と影

宮崎正弘

WAC

二度天皇になった女性

孝謙・称徳女帝の光と影

◎目次

装幀／須川貴弘（WAC装幀室）
写真／宮崎正弘

プロローグ　なぜいま孝謙・称徳女帝なのか

仏教による国家鎮護を目指した女帝

今上陛下は一二六代天皇である。

日本史上、十代八人の女帝のなかで、孝謙《こうけん》・称徳《しょうとく》女帝は自ら確立した政治思想を持って政治改革に挑んだ意思の強い女帝、仏教信仰の篤い例外的な天皇だった。

自分の意見を実践した稀有な女帝、しかも二度即位されている。崇仏は奈良の大仏を造った父親の聖武天皇譲りで、幼少より研鑽を積んだ仏教哲学に基づき鎮護国家を目指した。

孝謙・称徳天皇（七一八〜七七〇。在位は孝謙天皇として六年、称徳天皇として六年間）は聖武《しょうむ》天皇と光明《こうみょう》皇后の内親王である。

当時、藤原広嗣、橘《たちばなの》奈良麻呂らが女性立太子に反対し叛乱を起こした。「仏教に淫《おぼ》れた」

父を継いで、孝謙天皇も仏教による鎮護国家を目指した。前期は橘諸兄が宰相格だった。橘諸兄薨去のあとは藤原仲麻呂が頭角を現し実権を握った。

孝謙天皇は一度、藤原仲麻呂がお膳立てした淳仁《じゅんにん》天皇に譲位したが、仲麻呂がますます専横を極め、すきま風が吹き荒れるようになる。治療にやってきた道鏡《どうきょう》を寵愛し、仏教思想と天皇の共同統治を理想とするようになる。

ともかく孝謙天皇は道鏡を禅師と仰ぎ、仏教思想に深く傾倒して剃髪《ていはつ》し、仲麻呂とは抜き差しならない対立関係となった。叛乱を起こした仲麻呂を討ち、淳仁天皇を廃帝し、称徳天皇として重祚《ちょうそ》（退位した天皇が再び皇位につくこと）された。しかし「法王（道鏡）との共同統治」という前代未聞の政体に対して、周囲には不満が充満していた。後継皇統は藤原百川らの策謀によって白壁王（光仁天皇）となった。

「強い女帝」といえば、もうおひとり、持統天皇がいる。しかし重祚されていない。

現代人は『古事記』、『日本書紀』を学校で教わらないし、メディアは過去の歴史が暗かったという自虐史観に脳幹を冒されているから日本政治の伝統的な本質がわからない。したがって孝謙・称徳天皇（合わせて宮内庁は「高野《たかの》天皇」という）の果たした役割にたいして曖昧な理解なのである。

皇統は神武以来の万世一系で男子が継承し、跡継ぎが幼少などの時、未亡人皇后か独身の内親王が天皇代理として「称制」を務めた。これが「女性天皇」である。

この歴史の特質が意図的に議論されず学校でも教えない。このため軽佻浮薄にも「愛子天皇待望論」が出てくるのだ。女性天皇と女系天皇の区別も曖昧とされたままである。

もし女性天皇が誕生し、皇族以外の男性との間にできた子が皇位を継ぐとなると、日本の歴史を根本から変えてしまう王朝交替であり、革命である。

小泉政権のおり、皇室典範改正をめぐって有識者会議が開催された。明治二二年（一八八九年）制定された皇室典範により、男系長子が皇位を継承するという神武天皇以来の万世一系の伝統が守られてきた。状況が変化し、皇統が絶えかねないという危機を認識し、急遽、有識者会議が招集された。ところが、座長はロボット工学専門の学者で歴史には無知だった。

秋篠宮に悠仁《ひさひと》親王がお生まれになって、皇統問題は棚上げとなった。

有識者会議の議論を踏まえて岸田首相は令和六年（二〇二四年）一月三十日の所信表明演説後の質問に答え、かく述べている。

「有識者会議において悠仁親王殿下までの皇位継承の流れをゆるがせにしてはならないとの結論に至った」。つまり「女系天皇論」という俗論を排したのだ。

だがメディアは意図的にか、この一歩踏み込んだ発言を殆ど伝えなかった。


歴代の女帝をざっと振り返ると、推古天皇、皇極・斉明《さいめい》天皇、持統天皇、元明《げんめい》天皇、元正《げんしょう》天皇、孝謙・称徳天皇、明正《めいしょう》天皇、そして後桜町《ごさくらまち》天皇と十代八名の「女帝」がおられた。

このほかに明治時代に「皇統譜」から削除された二人の女帝がいる。神功《じんぐう》皇后（第十四代仲哀《ちゅうあい》天皇の皇后。皇子が第十五代応神天皇）と飯豊《いいとよ》天皇（第二十一代雄略天皇が謀殺したイチノヘオシハの妹）である。

推古天皇（五五四～六二八。在位三十五年）の時代、まつりごとは厩戸《うまやど》皇子（聖徳太子）が摂政を努めた。推古は欽明天皇の内親王で異母兄敏達天皇の妻である。同母弟だった用明天皇が崩御され、後継候補の皇子が何人もいたため称制（天皇不在時に皇后、皇太后、皇太子が政務を行うこと）となった。

聖徳太子が不在となった後、蘇我氏の専横が激しくなった。蘇我氏に葛城郡の割譲を迫られたときはさすがに峻拒した。推古天皇は後継天皇に聖徳太子の子、山背大兄王子《やましろのおうえのおうじ》を考慮していたが、同王子が蘇我氏に滅ぼされ、舒明天皇へのバトンタッチとなった。

皇極・斉明天皇（五九四〜六六一）は舒明天皇の皇后で天智・天武天皇は息子たちである。皇極天皇としての在位中に「乙巳《いっし》の変」（大化改新）がおこった。いったん孝徳天皇をリリーフとしたが、実権は中大兄皇子と中臣鎌足が握っていた。

孝徳天皇が難波宮で急に崩御されたため皇極上皇は斉明天皇として重祚された。斉明天皇在位中には白村江《はくすきのえ》の戦いがあり、自ら遠征途次の滞陣先で崩御。実際の政治を動かしていたのは中大兄皇子で、斉明天皇は「飾り」の要素が強かった。

持統天皇（六三五〜六九七。在位は称制含め十一年）は天智天皇が父、天武天皇（大海人皇子）に十三歳で嫁いだ。白村江の戦いでは北九州の陣に赴き、出産もしている。

壬申の乱で夫が大友皇子（弘文天皇）に勝利したときも陣中にあった。持統女帝はまれな戦闘精神を持ち、息子の草壁、忍壁が早世したため草壁の子（文武天皇）擁立へ奔走し、大津皇子らを排除した。藤原京に遷都し、また天皇葬儀を殯《もがり》（墓が完成するまで遺体を棺などに納めておくこと）から火葬へ切り替えた。個性の強い、自己の政治思想を表現した女帝だった。

元明天皇（六六一〜七二一。在位八年間）は天智天皇第四皇女。持統天皇は異母姉。草壁

王妃となるが、草壁が早世。文武天皇とのちに元正天皇となる内親王の母。側近は藤原不比等だった。平城京遷都、『古事記』の完成を急がせた。和同開珎など業績が目立つが、文武天皇の崩御のあと、孫の首皇子（聖武）が幼少のため中継ぎを務めた。

元正天皇（六八〇〜七四八。在位九年間）は草壁王子と元明天皇の内親王で、文武天皇の姉になる。独身の女帝で聖武天皇は甥。やはり中継ぎの役割を演じた。長屋王が実力者だった。その長屋王〔従兄〕妃の吉備内親王は姉にあたる。長屋王一家は藤原四兄弟の陰謀に倒れ、後継天皇は阿倍内親王に絞られた。元正天皇期に『日本書紀』の完成をみた。また養老律令の制定があった。ブレーンたちが合議でまつりごとを取り仕切った。

そして本編の主人公、孝謙・称徳の時代を迎えた。

皇統断絶の危機は何度もあった

以後、八五九年間、日本に女帝はいなかった。

江戸時代初期に明正天皇（在位は一六二九〜一六四三）、女帝の復活とは言え、政治実権は将軍の徳川家光にあり、この時代の天皇は国家の権威を示す儀式的な祭祀王となっていた。次に女帝が登場するのは百年後の江戸中期である。

後桜町天皇（在位一七六二～一七七一）は後水尾《ごみずのお》天皇の第二皇女。母は征夷代将軍秀忠の五女・和子である。徳川将軍家が天皇家の外戚となる例外的措置だった。先代桃園天皇は異母弟。桃園皇子（後の後桃園天皇）は五歳だったため臨時的な措置である。この後桜町天皇は歌道に優れ、古典の教養深いインテリだった。まつりごとには一切口を挟まず文化の発展に尽くした。

祭祀王というのが日本の天皇の本質である。

外国の皇帝、王、首長とは異なって、覇権で獲得した権力とは距離を置き、あくまでも伝統文化を体現される権威の象徴であり、まつりごとの祭主を司る重要な役割をはたされる。

こうみてくると歴代女帝のなかで、もっとも出色な存在は孝謙・称徳（高野天皇）になる。


皇統が断絶の危機に瀕したことは神武天皇の御代から幾度かある。また後継皇位を争った政争、謀殺も何回かあった。

新井白石は『折たく柴の記』のなかで、皇室の後継が不在となる危機の到来を予知し、東山天皇の第六皇子をして閑院宮家《かんいんのみやけ》を立てられるよう将軍に建言した。

新井白石は後継皇統の候補者がたくさんおられた時代ではなく、いずれ後継候補が不在となる危機にそなえ、別に宮家を建てて費用をまかなうべきと建言したのだ。

将軍家宣は白石の建言を受け入れ、直仁親王を閑院宮として禄千石を進上した。はたして白石が危惧した通り第一一三代東山天皇の系統は第一一八代後桃園天皇で絶えた。

そこで東山の皇子、直仁親王の孫にあたる光格天皇が第一一九代天皇として即位された。光格天皇は閑院宮典仁親王の第六王子。誕生の翌年に聖護院に入り将来は出家して聖護院門跡を継ぐ予定だった。ところが後桃園天皇が崩御し、直系は内親王だけだったため、安永八年（一七八九）十一月二十五日、践祚《せんそ》された。今上陛下はこの光格天皇の系統である。

このような過去の教訓からも皇室論議に臣籍降下された旧宮家の復活が急がれる所以である。

日本史では珍しい女帝となられた孝謙・称徳天皇はいったい何をされ、いかなる波瀾万丈の時代を生き抜いたか。女系天皇論が世上に喧《かしまびす》しくなった現代日本にどのような意味があるかを、従来の俗説を批判しつつ考察することにしたい。

令和六年春　　平城京跡にて筆者識

第一章

生い立ち、仏教、そして皇統

まつりごとへの強い意志

孝謙天皇（七一八～七七〇）は当時の政《まつりごと》を壟断《ろうだん》した藤原仲麻呂を斃《たお》し、淳仁天皇を廃帝として淡路に配流し、称徳天皇として重祚された。まとめて「高野天皇」と呼ぶ。

多くの女性がそうであるように可憐な乙女が文学少女となる多感な青春期。心が折れる経験を積みかさねながら信念を求めて彷徨《さまよ》う。なかなか精神の居場所が見つからない。現実と理想の乖離《かいり》は大きく、貴重な体験を幾度も重ねるうちに信頼できる人々に巡りあった。そして梃子《てこ》でも動かぬ存在となられた。歴史への強い意志が育まれていたのだ。

この女帝の思想的支柱は仏教であり、若き日には、当時最高の学識を誇った吉備真備《きびのまきび》が家庭教師を務めた。やがて仏教思想の師と仰いだのが弓削道鏡《ゆげのどうきょう》だった。孝謙・称徳天皇の、仏教に対するこの異様なまでののめり込み様が看過されがちである。

私は「孝謙天皇期」と「称徳天皇期」を劃然と区別して考察する。理由は人と性格が百八十度変わったようにまつりごとへの姿勢が仏教思想を基軸に根本的な変貌を遂げているからである。

孝謙天皇は聖武《しょうむ》天皇と光明《こうみょう》皇后を両親として情操ゆたかな宮廷の環境で育った。「阿倍内親王」(安倍内親王は別人)と呼ばれ、高祖母が持統天皇(女帝)、叔父は藤原不比等《ふひと》だった。権力の最高層で育ち、帝王学を教わった。若き日に『礼記《らいき》』などを教えたのが唐に留学して帰った吉備真備だった。出入りした皇族、貴族、女御らは教養が豊かだった。

男兄弟二人(基《もとい》王、安積《あさか》親王)が早世したため二十一歳だった阿倍内親王が立太子するという異例の人生展開が待っていた。奈良の大仏作りに傾注した聖武天皇の譲位をうけて三十二歳で即位した。孝謙天皇である。

もっと細分化すれば阿倍内親王から阿倍皇太子、孝謙天皇となり、譲位後は孝謙太上《だいじょう》天皇《てんのう》、出家後は孝謙尼《に》太上天皇(法名が法基)となる。その後、重祚して崩御までが称徳天皇。仏教に帰依していたため和風諡《おくりな》はない。

両親は篤く仏教を信仰し出家した。皇室行事は神祇《じんぎ》を基軸として神道で行われたが、その伝統が大きく後退した。とはいえ大嘗祭《だいじょうさい》は神道で行われ、皇室行事に仏教的な要素をいきなり取り入れてはいない。

阿倍内親王と言われた時代に『礼記』や『漢書』に親しみ、その素養には『法華経』など仏典を中心に儒教の素養も加味された。父の聖武天皇は仏教に没頭するあまり、精神的不安定の状態となり、物怪《もののけ》や怨霊を恐れ、同時に疫病を避けようと恭仁《くに》京、紫香楽《しがらき》京、難波《なにわ》京とめまぐるしく遷都を繰り返し、五年間の放浪のあとに平城京へ戻った。この間、阿倍内親王の精神形成はいかようなものであったか。

巷説では「若き多感な日に孝謙天皇は藤原仲麻呂に夢中だった。それが途中でより魅力的で哲学的な道鏡に乗り換えた」などという、真実から遙かに遠い恋愛物語が人口に膾炙《かいしゃ》されている。孝謙・道鏡性愛説は後世（それも三百年後）に面白おかしく脚色され、あまつさえ道鏡巨根説が四百五十年後に捏造された。

父親の聖武天皇と母親（光明皇后）は渡来した唐の名僧、鑑真《がんじん》から受戒を受けるために東大寺に戒壇を設けた。盧舎那仏《るしゃなぶつ》（東大寺の大仏）の建造にエネルギーと財力を傾け、大仏開眼という世紀のイベントは譲位したばかりの孝謙天皇が主宰した。

仏教文化の華が開いた。

逆に言えば、ここで日本古来の伝統の何かが壊れた。古代人の信仰は石棒、ストーンサークル、あるいはウッズサークルであり、それらが信仰の枢要な装置であった。縄文時代の土偶は祭祀に活用された。神道は山、河川、水、岩座が信仰の対象だった。それが神であるアマテラスやスサノヲを祀るように変貌し、三世紀からは古墳が代替した。銅鐸が突如廃れ、埴輪が副葬品となり、仏教が本格化するとともに古墳の造成が終わった。だが仏像を拝むという祈りの変化は、多くの日本人にはまだまだ違和感があった。

聖武天皇がみまかり、佐保山《さほやま》御陵の築稜を済ませた孝謙天皇の周囲の実力者は橘諸兄《たちばなのもろえ》らだった。しかし橘諸兄政権は恭仁京遷都に失敗して政治力を失い、その隙に叔母《おば》である光明皇太后に接近して俄《にわか》に台頭したのが藤原仲麻呂だった。かつて強権を振るった藤原不比等の孫にあたる。

孝謙天皇と藤原仲麻呂の蜜月が始まった。まだ右も左も判らない孝謙天皇はすっかり仲麻呂を信頼し、また頼もしくもあったので、「真摯につかえ、信賞必罰に徹し日夜、朝廷のために貢献している」（『続日本紀《しょくにほんぎ》』）と仲麻呂を褒めちぎっていた。

藤原仲麻呂の強い勧めによって、仲麻呂邸で育てられた大炊王《おおいおう》（淳仁天皇）への譲位が行われた。疑うことを知らない孝謙上皇は近江の保良宮《ほらみや》（仲麻呂が淳仁天皇の別荘として建立）に滞在し、のんびりと仏教典籍を読み写経に明け暮れるはずだった。

この安穏な空気が突如崩れ、孝謙―淳仁―仲麻呂の関係にすきま風が吹き込む。淳仁天皇は仲麻呂の傀儡《かいらい》でしかなかった。仲麻呂は官名位階を唐風に改め、元号もシナを模倣し、あまつさえ歴代天皇の諡にシナ風漢字を当てはめるなど、そのあまりに恣意的な政策の裏に、藤原仲麻呂の独断と専横があることに孝謙太上天皇は呆然とした。

このままでは国がおかしくなるのではないか。

淳仁天皇はその仲麻呂にへつらって「恵美押勝《えみのおしかつ》」を賜姓し、事実上の政権トップに押し上げ、あまつさえ依怙贔屓《えこひいき》の人事を繰り返した。仲麻呂は「新羅は無礼である」としてこれを討つと五百隻からなる大船団の準備を命じた。膨大な税制負担が地方の豪族にのしかかり、仲麻呂への不満は燻《くすぶ》った。仲麻呂は財源確保のために新銭を発行したが、見事に失敗、仲麻呂政権への不満は爆発寸前だった。

孝謙天皇時代は仲麻呂への憧憬、熱愛が不信から憎悪へと転じていく過程である。愛憎は表裏一体。称徳天皇期は弓削道鏡との精神交流、思想の覚醒と畏怖、そして道鏡崇拝へ変貌する。

ふり向けば、女帝の軍旗

異変は保良宮《ほらのみや》で起きた。近江の瀬田川の東側に造成中の副都である。

現在は残骸さえなく礎石が残っているのみだが、おそらく当時は瀟洒《しょうしゃ》な別邸だったのだろう。近くの石山寺（紫式部が籠もった名刹《めいさつ》）の風情をみると、その優雅な風景を偲ぶことができる。

孝謙天皇のセラピストとして宿曜秘法《すくようひほう》を用い、心労に倒れた孝謙の病を治した弓削道鏡が突如表舞台に現れた。後節でくわしく見るが、かなりの仏教知識を持ち、教養も深く、仏教理想を追求してきた孝謙天皇にとって、仏教の師が目の前に忽然と出現したのである。道鏡はたちまち彼女の尊敬の対象となった。

道鏡の青年時代の詳細は不明である。しかし葛城山で荒修業に励み、とくに如意輪法を修業したことは事実らしく、哭験力《こくけんりょく》を山林の禅行で体得していた。哭験力とは功徳の一つで『霊異記《りょういき》』に「誠に知る、法花の威神、観音の験力なる」とある。

孝謙の変化に慌てた藤原仲麻呂と淳仁天皇は「道鏡と孝謙太上皇は閨房関係にある」等と下半身醜聞を流して道鏡の排斥に乗り出した。下品な噂に立腹した孝謙天皇は身の潔白を証明するために出家を宣言し、平城京の法華寺に移り住んで剃髪した。「尼太上天皇《あまだいじょう》」が誕生することになった。

そのうえで「政《まつりごと》の大事なことは私が行う」と宣言した。

孝謙天皇＋道鏡VS淳仁天皇＋藤原仲麻呂という敵対構図ができあがった。それでも仲麻呂の権力はまだ盤石だった。皇居を守る近衛軍団を掌握していたからだ。孝謙天皇の訴えは犬の遠吠えとも言えた。

ところが新羅攻めの準備が整い、遠征軍がイザ出航という段になって疫病が猛威を振るい、災害も重なったため各地に飢饉が発生し、最高最強権力者だった仲麻呂政治への反感と不満が一気に爆発した。

孝謙天皇は若き日の家庭教師、信頼する学者政治家の吉備真備を急遽、太宰府《だざいふ》から召喚した。道鏡が仏師、真備が軍師となった。

藤原仲麻呂がはたと振り向くと女帝の軍旗だらけ、四面楚歌となっていた。近衛兵や首都の軍団は仲麻呂の管轄を離れ、道鏡の弟が指令系統を押さえた。また東大寺の僧兵たちは太宰府から急遽呼び戻されて造東大寺司長官となっていた吉備真備が掌握した。東大寺の武器庫から相当数の武器が孝謙側に供出されたことは正倉院の書状に残っている。

周章狼狽《しゅうしょうろうばい》の仲麻呂は妻子と家の子郎党をともなって拠点の近江へ逃げた。仲麻呂は父の代から近江守である。結局、仲麻呂は吉備真備が立案した精密な軍略に勝てず、仲麻呂軍は敗走し、仲麻呂は捕らえられて斬首された。

軍事的紛争の詳細は第四章に譲るが、孝謙天皇は政権を回復するやいなや藤原仲麻呂が行った唐風化政策をすべて国風に戻した。年号も日本風としたうえで、淳仁天皇を廃帝とし淡路へ配流《はいる》した。

その上で称徳天皇として重祚し、道鏡を太政大臣、法王として仏教との両立を理想としたのである。ハッキリと自らの意志を政治に反映させた女帝である。

孝謙天皇時代の価値基準は神道、仏教の順番だったが、『続日本紀』に依れば、称徳重祚以後は仏教、神道と順位が逆転し、天皇と道鏡を法王とする仏教による共同統治に周囲は懸念を深くした。

天平宝字元年（七五七）七月十二日の詔には「明御神として、大八洲《おおやしま》を支配する倭根子《やまとねこの》天皇の大命《すめらみこと》」として、次のようにある。

「高天原に神としておいでになる天皇の遠祖の男神女神のお定めになった天津日嗣《あまつひつぎ》の高御座《たかみくら》（皇位）」と。

ところが十二年後、称徳天皇として重祚された神護景雲《じんごけいうん》三年（七六九年）五月二十九日の詔には、最初に形式的に「明御神として、大八洲を支配する倭根子天皇」とあるものの、以下は次のように記されている。

「盧舎那如来《るしゃなにょらい》、最勝王経《さいしょうおうきょう》、観世音菩薩、護法善神、梵天王《ぼんてんおう》、帝釈天王《たいしゃくてんおう》、四大天王（持國《じこく》、増長《ぞうちょう》、広目《ひろめ》、多聞《たもん》）の不可思議な尊い力と、口に出すのも恐れ多い天地開闢《かいびゃく》以来天下を統治された天皇の御霊や、天地の神々の護り助けてくださる力」

仏教が神道より先に来ているのだ。孝謙・称徳天皇の政治は前期と後期でこうも姿勢が異なるのである。

藤原仲麻呂の乱を鎮圧した功労者らが称徳天皇のまわりを固めた。彼らは称徳天皇の崇仏路線に面従腹背、とくに藤原豊成《とよなり》、永手《ながて》、百川《ももかわ》らは道鏡の位置に釈然とせず、豊成の死後も、道鏡を失脚させる謀略が藤原永手、百川、それに藤原式家の良継らが中心となって密かにすすんだ。

称徳天皇が気付かないように、舞台裏で道鏡の失脚が仕組まれた。

その一つが宇佐八幡神勅事件をでっち上げたことだ。

道鏡が皇位に付けば国が安泰するという「フェイク神勅」の真偽を確かめよと、称徳天皇は女御の広虫を通じて和気清麻呂《わけのきよまろ》（広虫の弟）を宇佐に派遣した。道鏡のあずかり知らないことだった。これは仕組まれた謀《はかりごと》であり、道鏡を失脚させる罠であった。

道鏡の出身地である弓削（由義）に別業（別荘）を建て、本気で遷都を考えていた称徳天皇は重祚から五年後、病を得て薨《こう》じた。

後継を指名していなかったため藤原永手らが白壁王《しらかべおう》（光仁《こうにん》天皇）を擁立した。藤原百川が称徳天皇の遺書なるものをでっち上げた。道鏡は瞬時に政治力を失い、下野《しもつけ》薬師寺に左遷された。あとを継ぐ光仁天皇は天智系であり、七代・百年に渉った天武系皇統が終焉するとして光仁の即位に反対だった吉備真備は右大臣を退いた。

最も注目すべきは、孝謙から称徳天皇と二度にわたる権力掌握の過程で仏教と神道の位置が転換したことである。

「三仏の奴《やっこ》」と自己規定した聖武天皇の愛娘、孝謙天皇が崇仏思想を受け継いだことは深刻な問題だった。とくに「三仏の奴」という言葉である。仏教に淫した聖武天皇と娘の孝謙天皇は自らを「仏陀の下僕」と表現した。

本居宣長はこう批判した。

「これらの御言は天神の御子尊《みこのみこと》の、かけても詔《みことのり》給うべき御言とはおぼえず、あまりにあさましく悲しく、言挙《ことあぐ》るも、いと由々しく」（『本居宣長全集』（第七巻）筑摩書房）

孝謙・称徳天皇を軸とした年表

695	吉備真備誕生
701	聖武天皇誕生
708	藤原仲麻呂誕生
710	平城京へ遷都(藤原京から)
718	**孝謙天皇、安倍内親王として誕生**(父は聖武天皇。母は光明皇后)
720	権力者だった藤原不比等没(61歳)
724	聖武天皇が即位。長屋王は左大臣に
728	長屋王の変(翌年、政敵の藤原四兄弟が疫病で全員没)
730	阿倍内親王はこの頃から吉備真備に礼記などを学ぶ
738	**阿倍内親王立太子**(この頃は橘諸兄政権)
739	仲麻呂、ようやく貴族として認められる従五位上に
740	恭仁京へ遷都(北九州で藤原広嗣の乱)
743	阿倍内親王、五節舞を披露
744	聖武天皇、紫香楽宮へ遷都。大仏建立が本格化
745	仲麻呂が近江守に。難波宮へ遷都したが平城京へもどる
749	父の譲位にともない**孝謙天皇として即位**。仲麻呂は大納言兼紫微令
751	東大寺御幸(道鏡、東大寺で頭角を現す)
752	大仏開眼供養
754	大和朝廷が鑑真を迎える(真備、来日に帯同)
756	聖武上皇が崩御　橘諸兄辞任
757	橘奈良麻呂の変鎮圧で藤原仲麻呂の専横体制ができる。 仲麻呂邸で育った大炊王立太子
758	**大炊王、淳仁天皇として即位** 藤原仲麻呂が淳仁天皇から「恵美押勝」を賜る

保良宮で休養していた孝謙上皇を秘密の宿曜療法で治療した道鏡を、仏教思想に淫していた孝謙上皇が寵愛するようになった。道鏡のファロス(男根)が大きくて精力絶倫であったからではなく、仏教思想を体現する指導者としての尊敬からである。ふたりに閨房関係はなかった。

日本古来の信仰である古代神道には経典もなく、布教することもないから、明

760	淳仁天皇が仲麻呂に「大保」を任命（この年に光明皇太后没）
761	保良宮で孝謙上皇静養、道鏡が「宿曜秘法」で治癒
762	淳仁、**仲麻呂を正一位に。** 新羅征伐を準備、軍船500隻の建造を命じる。 疫病、飢饉で出航出来ず
763	怡土城完成間際、吉備真備に東大寺長官の人事 仲麻呂暗殺未遂事件。 道鏡少僧都に出世。
764	**藤原仲麻呂の乱**。失敗（吉備真備が軍事戦略立案指導）。 戦いに敗れ、仲麻呂一家皆殺しに 孝謙上皇は**淳仁天皇を廃帝として淡路へ配流**。 道鏡は禅師となる **孝謙上皇は称徳天皇として重祚**。大嘗祭を挙行
765	道鏡の故郷に弓削宮（由義京）建設
766	由義宮遷都。称徳天皇、道鏡を「法王」とする
769	宇佐八幡神託事件起こる。 和気清麻呂を派遣し真贋を確かめさせる
770	**称徳天皇崩御**
770	弓削一族を一斉に左遷。**道鏡は下野薬師寺別当に左遷** 藤原百川らが、天武系を推す吉備真備らを出し抜き、 天智系の白壁王（光仁天皇）を後継天皇に画策
772	道鏡、下野で没

治期の「文明開化」のごとく、当時の朝廷では仏教が猖獗《しょうけつ》を極めた。

そう、聖武から称徳まで日本は「仏教に淫した」時代だった。

とはいえ当時の皇族、神《じん》祇《ぎ》官《かん》や豪族、庶民らは誰もが崇仏国家路線に賛成したわけではなかった。したがって称徳天皇の崩御後、道鏡はなんの政治力も発揮することなく左遷され、天智系の光仁天皇が即位すると、まつりごとは本来の道に戻されたのだ。

第二章

初の女性皇太子になる

阿倍内親王、「崇仏天皇」を目指す

皇統の血の濃さ。文武天皇と藤原不比等の娘が中宮に入内《じゅだい》して産んだのが首王子《おびとのおうじ》（後の聖武《しょうむ》天皇）である。

孝謙天皇の母は藤原不比等と県犬飼《あがたのいぬかい》橘《のたちばなの》三千代《みちよ》の子で、祖母の元正天皇は、天武天皇の皇子、草壁皇子《くさかべのおうじ》の娘である。

大化の改新（乙巳《いっし》の変）直後に皇極《こうぎょく》天皇（女帝）は乙巳の変の首謀者である中大兄《なかのおおえの》皇子（後の天智天皇）に譲位しようとしたが、これを固辞した中大兄の推薦により、瓢簞《ひょうたん》から駒で孝徳《こうとく》天皇が即位した。中大兄の擁立者である中臣鎌足《なかとみのかまたり》の「長男」とされる定慧《じょうえ》（貞慧とも書く）は、孝徳の側室の子をさげわたされた。また中臣鎌足の「次男」とされた藤原不比等は『大鏡』などに拠れば天智天皇の御落胤《ごらくいん》。ゆえに聖武天皇は天智系と天武系皇統の合体と言える。

孝謙天皇は聖武天皇の長女、阿倍内親王の即位後の呼称である。女性ゆえに最初から即位候補の埒外にあった。ところが聖武天皇の第一子基王《もとい》は一歳をまたずに早世、聖武天

孝謙・称徳天皇 関係図（カッコ内は天皇の代数を表す）

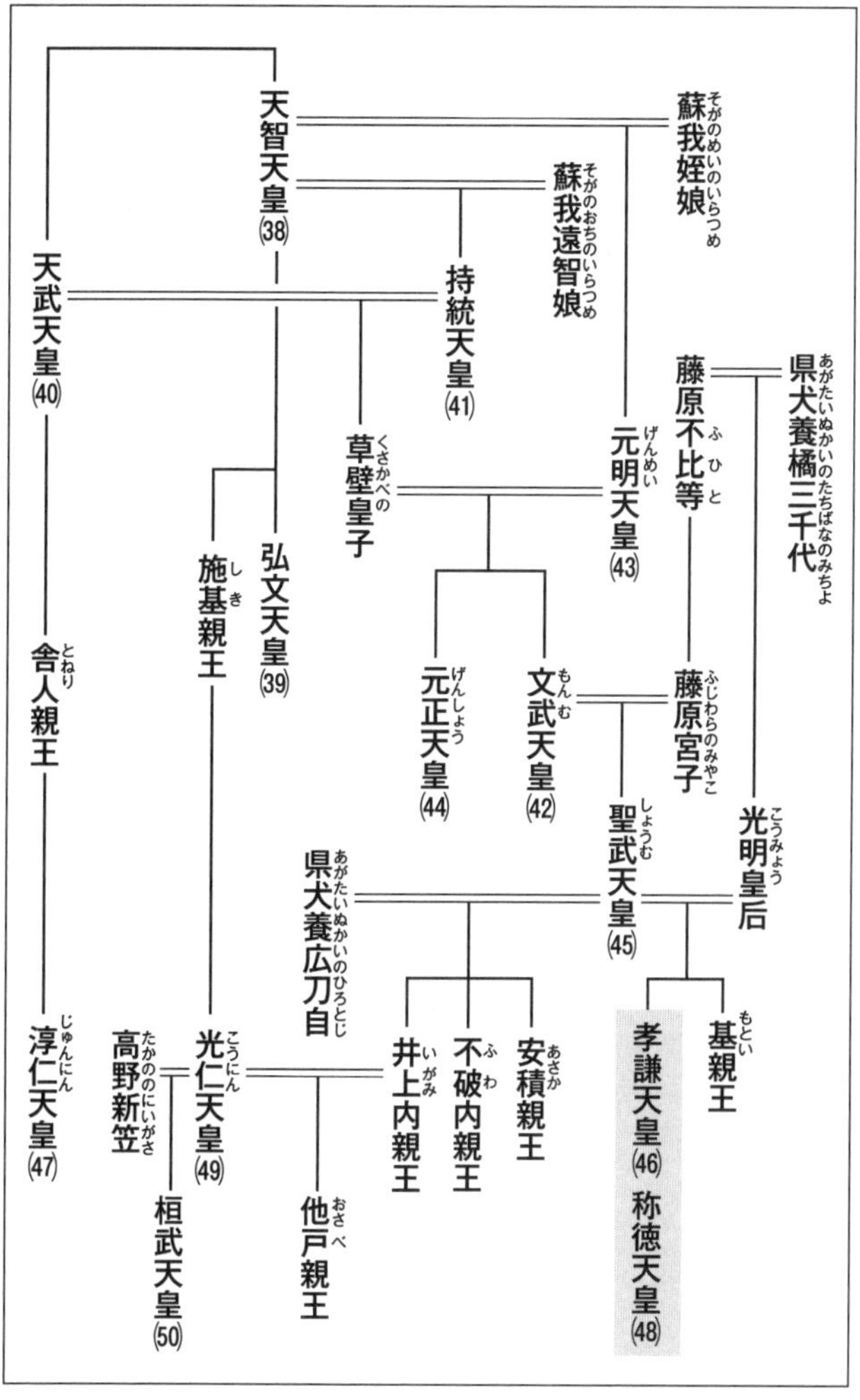

皇は落胆のあまり三日ほど政務にも就かず寝込んでしまった。第二子の安積《あさか》親王は大きく育ったが旅先で脚気《かっけ》により急死した。享年十七だった。このため突如、阿倍内親王に立太子の番が回ってくる。

予期しなかった運命の変転だった。

仏教にのめり込み政治のあり方と皇統の行方、理想社会として描く宇宙は、彼女の発想の枠を越え、精神の在処《ありか》を求める彷徨が始まった。国家の命運を決断し、国家百年の大計を構想するに、当時の彼女には荷が重すぎた。

当時の状況から他の選択肢を探すとすれば、天武天皇の皇子で、壬申《じんしん》の乱で将軍として活躍した高市《たけちの》皇子の長男、長屋《ながや》王が皇統を継ぐにふさわしい最有力候補と目されていた。長屋王妃となった吉備内親王は草壁皇子と元明天皇の次女で、元正《げんしょう》天皇と文武《もんむ》天皇の妹である。だが、フィクサーとも言える藤原不比等が暗躍し、結果的に阿倍内親王の立太子が実現したのだ。

ちなみに、阿倍内親王と呼ばれたのは、彼女の乳母で養育係の阿倍氏に由来する。阿倍氏といえば豪族の名門で蝦夷退治の英雄・阿倍比羅夫《あべのひらふ》に繋がる。

女性皇太子としての十年の歳月を両親の暖かい庇護のもとで育ち、帝王学を学んだ。仏教思想に対する理解の深さ、仏教への帰依《きえ》は親譲りである。とくに経文を諳《そら》んじたのは日々の写経の成果、仏教の語彙を身につけたのは筆写に加えて毎日の読経の成果だった。写経は『大般若経《だいはんにゃきょう》』、『観世音経《かんぜおんきょう》』、『阿弥陀経』などである。

写経とは身を正して一字一字、漢字への敬愛と信仰の熱意をこめて転写してゆくなかで、その意味を理解し、思想を咀嚼《そしゃく》し、崇敬の念を高め、思想を内在化する崇高な営みである。写経を通して魂を高めるのだ。

阿倍内親王が三歳のおり、不比等が死去し、七歳のとき父の首皇子《おびとの》が即位して聖武天皇となった。聖武天皇、二十四歳。元正天皇の譲位によるものであった。阿倍内親王は母の光明皇后が施薬院《せやくいん》や悲田院を開設して、ひろく恵まれない人々を救う慈善事業を展開していたことに深い関心を抱いた。

この時代には天然痘が猛威を振るい、夥《おびただ》しい死者が報告された。聖武天皇は興福寺に東金堂を建立したが、阿倍内親王はしばしば参詣し、仏教による統治を理想政治とする「崇仏天皇」を目指すことを信念とするようになる。両親が染まった仏教に、内親王も深く傾倒したのだ。

民間でも行基《ぎょうぎ》の活躍があって仏教が拡がっていった。民衆にひろく仏教が支持されたのは庶民でも極楽に行けるという考え方が魅力だったからだ。行基に帰依する人々によって形成された民間の社会事業集団の存在は侮りがたいものとなり、聖武天皇は恭仁京《くにきょう》建都における橋梁工事などに行基の協力を仰ぐことになる。

阿倍内親王が写経でもっとも引きつけられたのは『最勝王経《さいしょうおうきょう》』だったという。人生の節目ごとに転写し、常に人生の指標とした。正式には『金光明《こんこうみょう》最勝王経』と呼ばれ、四天王など諸天善神の加護が得られると説いていた。唐の義浄が訳し、七一八年頃に遣唐使が日本に持ち帰った。

それにしても阿倍内親王の立太子は、女性として歴史上初めてのことなので、当時の平城京にあってひろく賛同を得ていたわけではなく、反対の声も大きかった。藤原広嗣《ひろつぐ》は女性皇太子に反対し、ついには叛乱を起こしたほどだ。

女性立太子に異を唱えた広嗣の乱は北九州を拠点に一万余の強者が大和朝廷に立ち向かったのだから、宮廷は恐怖心に支配された。これは阿倍内親王の立太子から二年後の大事件である。

藤原不比等の息子たちは年齢順に武智麻呂《むちまろ》、房前《ふささき》、宇合《うまかい》、麻呂。この「藤原四兄弟」は娘たちを次々と聖武天皇の後宮に送り込んで男子誕生を期待した。

長屋王（後節で詳述）亡き後でさえ、橘奈良麻呂などは露骨に女性皇太子に反対し軍事的蹶起《けっき》を計画していた。ともかく阿倍内親王の立太子には有力皇族に反対派が多かったのだ。

だが、聖武天皇の後宮に送り込まれた藤原四兄弟の娘らに懐妊の兆候はなく、そのまま時が流れ、藤原四兄弟の疫病罹患死とともに、阿倍内親王の立太子は必然的な流れとして固まった。四兄弟の急死（七三七年）は、長屋王の祟りとして恐れられた。

阿倍内親王に帝王学を講じたのは吉備真備である。儒学の根本を教える『礼記《らいき》』は、底本はないが、全部で四十九巻と言われる。『漢書』は合計百二十巻もあって漢王朝の歴史を辿った書物。くわえて吉備真備の信条は儒仏一致という独特な政治思想で、唐に十八年間（二回目をいれると合計二十年）を暮らした真備だからこそ、唐の仏教の実情とその限界を知っていた。史書によれば吉備真備の春宮大夫《とうぐうのだいぶ》任官は天平十五年（七四三年）のことで、皇太子学士兼務だった。『礼記』には楽器篇があり音楽と舞によって太平を尊び、天地の秩序を保つ。その秩序とは陰陽の調和であり、重要な儀式では高位の貴族が舞うとされる。

恭仁京の儀式で阿倍皇太子は見事な五節の舞を披露した。この通過儀式を経て天皇即位が初めて公認となったのである。

孝謙天皇の即位までにもこれだけの波瀾万丈なドラマがあった。

前史を繙《ひもと》けば孝謙の治世がわかる

前史をまとめてみる。まず孝謙天皇の父母、聖武天皇と光明皇后の事績をざっと振り返ることが重要である。歴史教科書は聖武天皇の事績を「奈良の大仏を造った」の一言ですませているが、もちろんそれほど単純ではない。

聖武天皇は大宝元年（七〇一年）、文武天皇の第一皇子として誕生した。幼名は首皇子《おびとのみこ》。母親は不比等の娘、宮子である。これにより藤原不比等が天皇の外戚となり、権力に直結する道が拓かれた。不比等は藤原仲麻呂の祖父にあたる。

文武天皇崩御（七〇七年）にともない祖母の元明天皇、ついで叔母の元正天皇が即位した。首皇子が立太子となるのは和銅七年（七一四年）である。十四歳だった。その二年後、安宿媛《あすかべひめ》（光明皇后）を妃に迎えた。安宿媛の父は藤原不比等、母は県犬養《あがたいぬかいの》三千代。即位は神亀元年（七二四年）だが、若さを理由に実権は元正皇太后が握ったままだった。元明天皇が娘の氷高《ひだか》内親王（元正天皇）に譲位したのも、首皇子がせめて二十五歳になるのを待ったからである（聖武天皇が即位したのは二十四歳のとき）。

「この神器を皇太子に譲らんとすれども年歯幼く稚くして未だ深宮を離れず、庶務多端にして、一日万機あり」（『続日本紀』元明天皇、霊亀元年九月一日の詔）

三十歳前の即位は、十五歳で即位したとされる文武（首皇子の父）のみだ。それ以前に大友皇子（弘文天皇）の例があるが、大友皇子は父の天智天皇崩御《ほうぎょ》から半年後の壬申の乱で自裁するから、即位式を行った記録はない。

あまつさえ大友皇子を弘文天皇と諡号《しごう》したのは明治時代になってからのことだ。明治維新とは一種のキャンセル・カルチャー、前史を明治政府の都合のよいように改竄《かいざん》したものだ。弘文天皇御陵も明治政府によって慌ただしく造成された。近江市役所の裏手、見つけにくい小路を入ったところにある。人工的かつ近代的で、霊気を感じさせない御陵である。

文武の即位は女帝・持統天皇の皇子たちが相次いでみまかり、後継皇位をたてておかねばと持統天皇が焦った結果である。当時、天皇の即位は三十歳になってからという不文律は無視された。

文武天皇の長子・首皇子の立太子もすんなり決まったわけではない。藤原不比等の妥協案は強敵・長屋王の懐柔にあった。

長屋王は天武天皇の嫡孫《ちゃくそん》、政治的立場は宰相の地位。長屋王邸跡から出てきた夥しい木簡にその権力の強大さが偲ばれる。それゆえ不比等にとって聖武天皇の即位前に長屋王一門を政治的におだてて厚遇しておくのが得策だった。

やがて不比等はみまかった。光明子はすでに首王立太子の元に嫁いでいた。二人はおなじ年齢で、しかも不比等邸で育った幼なじみだった。

神亀元年（七二四年）、元正天皇から皇位を譲られ、ようやく即位した聖武天皇が、生母の宮子に「大夫人」称号を贈ろうとしたところ、長屋王が律令の先例を持ち出して反対した。このため藤原一族は長屋王を恨んだ。「長屋王の変」に到る伏線はこのときに敷かれたのである。

この論争が重要である。長屋王は伝統を保守することに価値を置いている。したがって先例を維持することがなにより大切であり、軽々な改変を認めない立場を貫いた。

聖武天皇は授かった最初の皇子（基王《もとい》）を当然のように後継と考えたが、基王は一歳にならずして早世した。聖武天皇は病気回復を祈願し、数百の僧を集めて祈禱させたが無駄だった。このあたりから聖武天皇は仏教に熱中し、未曾有の盧舎那仏《るしゃなぶつ》建立を思いつき、挙げ句に恭仁京《くにきょう》、紫香楽宮《しがらきのみや》、難波宮《なにわきゅう》と「遷都症候群」に取り憑かれた。情緒不安定だった。なにしろ聖武天皇時代に遷都すること四回、異常というほかはない。

妻子ともども自決するという悲惨な結果を招いた長屋王の変（七二九年）と、その十一年後に北九州で反乱を起こした藤原広嗣の祟りを聖武天皇は極端に恐れた。合理主義では説明できない非科学的なものが聖武天皇の脳裡《のうり》を支配していた。

遷都を病的に繰り返したのは第一に政治刷新、第二に疫病対策、第三は藤原広嗣の乱の後遺症だった。聖武天皇は本気で祟りを信じていた。

陰陽師《おんみょうじ》に命じて物怪《もののけ》を鎮め、物忌《ものいみ》の日を占い、占星術で重要な儀式の日程を決めた。

平城京に唐からひろがった天然痘に感染して藤原四兄弟が相次いで死亡した。聖武天皇が最初に遷都しようとしたのは恭仁京である。光明皇后の異父兄で、当時の国政を司っていた橘諸兄《たちばなのもろえ》が基盤としていた地だ。山背国相楽郡《やましろのくにそうらくぐん》（現在の京都府木津川市加茂地区）に位置する恭仁京は平城京を簡略化した規模で南北が七百五十メートル、東西五百六十メートルの小粒な都だった。

近年の発掘調査で判明したところによると、恭仁京は板塀で囲まれ、地形的には西側が狭谷、東側は木津川で、守るには砦の如しだが、狭窄観《きょうさく》は否めなかった。

恭仁京の南端に山林寺院が営まれていたことも、出土品からわかった。土器、大量の灯明皿や楽器、万葉歌が記された木簡などが出土し、法会や歌会が行われていたことを物語っている。『産経新聞』（令和五年六月二十六日）によれば、これまでの発掘調査によって建物五棟、井戸、流路などのほか、約二百メートル四方の寺域が確認された。丘陵の裾に造成された平坦面には、内部に仏像を安置する須弥壇《しゅみだん》を持つ礎石建ての仏堂があった。須弥壇には等身大の四天王塑像（持国天《じこくてん》・増長天《ぞうじょうてん》・広目天《こうもくてん》・多聞天《たもんてん》）が配置されていた。

いま恭仁京跡地は市民の公園となっていて大きな石碑が建つ程度である。私が訪れた時は市民祭りの最中で屋台が数軒出ていた。

ちかくにはキャンプ場がある。恭仁京一帯は左大臣の橘諸兄が治めていたから、橘諸兄の墓が木津市の北側の山の奥にある。諸兄は犬養三千代が不比等と再婚する前、美努王との間に産まれた。

天平十二年（七四〇年）、聖武天皇は実際に恭仁京に遷都し、大極殿は平城京から移築された。この工事のため木津川に大きな橋が架けられた。都市計画に従って官僚たちの住宅も建てられた。

ところが僅か三年後、聖武天皇の気が変わって造営は中止。代わりに甲賀の山岳地、紫香楽宮に移ることになった。天平十四年（七四二年）に宮の建設が始まったが、また気が変わって天平十六年（七四四年）には難波京に遷都した。

難波を選んだのは地政学的要衝だからである。大和より唐に近く、海に繋がっている。

五世紀前半ごろ『日本書紀』に聖帝と描かれる仁徳天皇が営んだとされる「難波の高津《たかつの》宮《みや》」の再利用である。その所在地について、大阪市街地を南北に走る丘陵（上町台地）の北端に位置する大阪城本丸地区（大阪市中央区）の可能性が高く、開削した水路や港、難波宮跡（同）で遺構が見つかっている。十六棟もの巨大な倉庫群（法円坂倉庫群）とともに開発されたとする論考を西本昌弘・関西大学名誉教授（日本古代史）が学術誌「ヒストリア300号」（大阪歴史学会）に発表して、注目されている。仁徳天皇が高津宮とともに、港や巨大倉庫群を難波に設けた背景に、西本名誉教授は「当時の緊迫した朝鮮半島情勢があったのではないか」と指摘する。

仁徳天皇は応神天皇の第四子で、応神天皇が亡くなると、仁徳元年一月に即位。「難波に宮を造られ、高津宮という」。同十一年四月、群臣に「この国は土地は広いが、田んぼは少ない。河水は横に流れ、その流れは悪い。長雨になると海潮がさかのぼり、村里は（浸水し）船に乗ることになり、道路は泥に埋まる」とし、「あふれた水を海に通じさせ、逆流を防いで田や家を侵されないようにせよ」と詔《みことのり》したとある。指示通り、同年十月に「高津宮の北の野を掘って、南の水を引き、西の海に入れた。その水路を堀江と名付けた」という。

古墳時代の大阪平野は現在とは大きく異なり、海岸線が深く入り込んで、上町台地の西側は海に面し、東側には湖があった。淀川や大和川などの大河川によって上流から運ばれた土砂が堆積。北側から淀川の三角州が発達して、上町台地北端部との間の水路を次第に狭めた。水害を受けやすい地形だった。

天平十七年（七四五年）、平城京に戻った。大化改新（六四五年）から数えてちょうど百年後に当たる。

紫香楽宮は京都の加茂から木津川を東へ伊賀上野まで進み、そこから山道を道なりに北上する。険しい山道を建造物移転のための資材を運んだばかりか（想像するに大変な重労働である。運搬途中の事故も多発したことだろう）、そこに盧舎那仏の建立も計画されたのである。そのため新しい道路をつくったのだ。

この間、おそらく平城京にあって留守居役らと不安な日々をおくっていた阿倍内親王、後の孝謙天皇の深層心理におぼろげながら形成された世界観がいかなるものであったかは知る由もないが、早熟な思索を繰り返していたであろうことは間違いない。

大規模な紫香楽宮跡が発掘された

私はJR東海道線の草津から柘植《つげ》へ南下する草津線で途中の貴生川《きぶかわ》駅まで行き、ここでローカルな信楽《しがらき》線に乗り換え「紫香楽宮跡《しがらきぐうし》」駅で降りた。

たまたまその日（二〇二三年五月十四日）は「信楽高原鉄道事故」三十三回忌の追悼式だった。現場で初めて知った。そういえば乗客に喪服姿が多かった。事故は一九九一年五月十四日に発生し、四十二名が死亡、六百名以上が負傷する大惨事だった。駅から道路沿いを五分ほど歩くと高い慰霊碑が建立されていて遺族や鉄道関係者、テレビカメラが集まっていた。なんという巡り合わせだろう。その慰霊碑のあたりが、紫香楽京における盧舎那仏の鋳造所だったのだ。

紫香楽宮は現在の滋賀県甲賀市信楽《しがらき》町にあって「信楽宮」とも書き、周囲を山で囲まれた小盆地に位置する。その辺鄙《へんぴ》な山の中の信楽町宮町地区で宮殿跡が、内裏野地区で寺院遺跡、新宮神社地区で道路跡、そして鍛冶屋敷地区から鋳造所跡が発掘された。北黄瀬地区には大井戸跡がある。思いのほか広いのである。三時間ほどあちこちを歩き回り、恭仁京より規模が大きいことが了解できた。雨の日だったのでずぶ濡れになった。

鋳造所が存在したことは盧舎那仏がここで本格的に作られつつあった何よりの証左であり、多くの歴史学者が説いたような仮設の離宮ではなく本格的な都の造営だったことがわかる。

阿倍内親王は平城京にあって造営の進捗ぶりを側近からの報告で知っていた。恭仁京へは舞を披露するために出かけた。

紫香楽宮の造営が中断のやむなきに到ったのは、相次ぐ大火のせいである。おそらくは反対派の放火だろう。当時の宮殿も貴族らの邸宅なども火事が頻発して焼け落ちた。

紫香楽宮における特筆すべき不審火は、天平十六年（七四四年）四月一日に起こっている。火は西の山から甲賀寺へと拡がった。まわりが山だから燃えやすい。伊賀真木山の山火事は四日間燃え続け数百余町が延焼した。宮城の東側の山火事も数日燃え続け、四月十三日に雨が降ってようやく鎮火する。

新都は灰燼《かいじん》に帰したのだ。

この前後、聖武天皇の治世はジグザグを描いた。政権を支えたのは橘諸兄であり、この時代に諸兄は従一位、藤原仲麻呂はと言えばようやく従五位に顔を出すくらいで、まだ何者でもなく、正二位から従四位の間に群臣がひしめいていた。

前年の天平十五年（七四三年）の正月賀詞は恭仁京で行い、大極殿で百官の朝賀を受け、宴で弾奏を披露した五位以上の官に摺衣《すりごろも》（山藍や月草の汁をすりつけ、多彩な模様を染め出した衣）を賜っている。阿倍皇太子が優雅な舞を披露したのはこの宴だった。

同月十三日に聖武天皇は奈良の東大寺に赴き、次のように述べた。

「仏弟子の朕は宿縁によって天命を受け皇位に就いた。仏法をこの世に広め、民を導きたい。寺院が威厳を増し皇室に喜びが重なり、国土は厳かに浄く、人民は安らぎ楽しみ、それが広く諸法に及んで長く諸々にひとびとをつつみ等しく菩薩の乗り物に乗って共々如来の座に座ることを仰ぎ願う」（『続日本紀』講談社学術文庫、宇治谷孟訳、以下同じ）

この年の四月に聖武天皇は二週間ほど恭仁京を離れ紫香楽宮に行幸した。五月にはすでに立太子していた阿倍内親王（後の孝謙天皇）が五節の舞を披露したことは述べたが、このとき、元正太上皇が歌を詠まれた。

　そらみつ大和の国は　神からし
　　尊くあるらし　この舞みれば

　ここで橘諸兄に従一位（左大臣）を、高市《たけち》皇子の子、鈴鹿王に従二位を、藤原朝臣《あそん》豊成（仲麻呂の兄）に従三位を、大伴宿禰《おおとものすくね》牛養《うしかい》、石上《いそのかみの》朝臣乙麻呂《おつまろ》、藤原仲麻呂の三人に従四位上を賜った。これにより仲麻呂も参議となった。この人事では後に遣唐大使となる藤原清河が正五位下となっている。橘諸兄から見れば藤原仲麻呂なんぞは、かなり下の部下だったのである。

　同年五月二十七日に聖武天皇は天武天皇時代からの養老律令を改め、新たに開墾した土地は個人の財産として認める「墾田永年私財法《こんでんえいねんしざいほう》」を発布する。自由競争原理を導入して農作物増産をはかったのである。

　これは瞠目すべき改革だった。その恩恵は各寺の収入増に繋がり、父・武智麻呂時代から近江守を拝命していた仲麻呂にとっては政治的な跳躍台になった。琵琶湖畔に拡がる近江平野はまだまだ開墾の余地があったからだ。やがて寺々が露骨に開墾地を買い占めるようになったので、聖武天皇はたびたびこれを禁止した。

同じ天平十五年の十月十五日、紫香楽宮において「盧舎那仏造営の詔」が発せられた。世界的に有名な「奈良の大仏」である。

「本当に三法（仏法僧）の威光と霊力に頼って天地ともに安泰となり、永久の幸せを願う事業を行う。盧舎那仏の金剛像一体を造るため国仲（ママ）の銅を尽くして鋳造し、山を削り仏堂を構築する」云々。

紫香楽宮跡に鋳造所跡が発見されたことでもわかるように、盧舎那仏はここで鋳造が開始された。いったん解体された平城京の大極殿と歩廊の建材や、武器庫の弓矢、槍、刀剣なども紫香楽宮に運ばれた。聖武天皇は本気で遷都を考えていたのである。

聖武天皇の不興を買い、伊豆に配流されていた女婿の塩焼王《しおやきおう》がこの年の四月、許されて戻った。慈悲ふかき聖武天皇は、とかく不誠実な塩焼王を本来の正四位下に復位させた。

天平十六年（七四四年）になるとまた空気が変わる。火災が続いたため恭仁京への帰還をのぞむ声が大きくなり、慌てた聖武天皇は翔ぶが如く難波宮への遷都を実施した。

途次、安積《あさか》親王が脚気《かっけ》で急逝した。聖武天皇の次男で、母は県犬養宿禰《あがたのいぬかいのすくね》唐娘《もろこしの》（県犬養広刀自《ひろとじ》）だった。

この時、内舎人《うちとねり》（内裏警護）で安積親王と親しく、何れの日か即位することを期待していた大伴家持は、その死を嘆いてこう詠んだ。

わご王《おおきみ》　皇子《みこ》の命《みこと》　万代《よろずよ》に
　食《め》したまはまし　大日本《おおやまと》　久邇《くに》の京《みやこ》は

（即位予定の皇子が去り、わが国の未来はどうなるのだろう）

最有力後継候補だった安積親王の死

当時の土地勘を得るべく奈良に赴くこと数回。平城京の朱雀門、大極殿から藤原仲麻呂邸（田村第《たむらてい》）の距離を歩いて計測してみた。

御所の南側、現在のミ・ナラ（総合ショッピングセンター）一帯が長屋王の邸宅だった。

道路を挟んで宮前公園の隣、奈良市役所からさらに南下し、四条二坊あたりが藤原仲麻呂邸である。北上して御所の東側に出ると孝謙天皇が出家した法華寺がある。ここには藤原不比等邸があった。いずれも馬を疾駆させれば数分、人が走っても二十分ほどで着く（私は徒歩で計測したので仲麻呂邸から御所までは三十分かかった）。御所の西南には西大寺がある。現在の奈良市を歩いて判断できることは、平城京がきわめて狭い空間であったことだ。その京《みやこ》で歴史的な事件が続発した。

聖武天皇の皇子、安積親王は定石から言えば次期天皇に一番近い存在だった。ところが天平十六年（七四四年）、「脚の病」で急死した。

突然死だったため藤原仲麻呂による暗殺説が流れた。光明皇后に近い仲麻呂とすれば阿倍内親王を擁立した方が有利だからである。

しかし脚気には突然死が多い。明治時代まで病因は特定されなかった。まして古代の医学では直せない。江戸幕府の三代将軍家光、十四代将軍家茂と正室の皇女和宮も「脚気」で死亡している。おそらく贅沢三昧の食事が遠因だろう。

一九一二年、ポーランドの生化学者カシミール・フンクが「脚気はある栄養素の不足によって起こる」と唱えた。その栄養素であるアミン化合物を「ビタミン」と名付けた。ビタミンはエネルギーにはならないが、人体の機能を正常に保つために必須の有機化合物の総称である。ビタミンには十三種類あり、体内ではほとんど合成できず、食品から摂取しなければならない。

日露戦争（一九〇四～一九〇五年）では、夥しい日本兵が脚気で死んだ。原因は白米である。脚気は「国民病」といわれ、神経の障害によって手足が麻痺し、しびれなどを引き起こす。重度になると心臓に障害を起こして死亡することが多い。江戸時代、玄米に代わって白米が徐々に普及したため脚気が拡大した。米の胚芽に多く含まれるビタミンBが精米によって除去されるためである。白米が普及した江戸で多発したため「江戸わずらい」と呼ばれた。医者は大概が儒医であり、薬草で治療するだけだから手の施しようがなかった。

戦傷者より脚気患者のほうが多く出て、壊滅状態に陥った部隊もあった。日清戦争では四千人以上、日露戦争では二万七千人以上の陸軍兵士が脚気で死亡した。このとき陸軍軍医の森鷗外は、脚気は細菌感染症であるとする説にこだわったが、海軍軍医の高木兼寛は、イギリス海軍に脚気がないことに注目し、洋食主体に変えるとともに白米から麦飯に切り替えて海軍の脚気を激減させた。

明治ですらそのような状態だったのだから、古代において安積親王の死因が特定されるはずがない。動転した聖武天皇は、恭仁京においてきた御璽《ぎょじ》と太政官印を取りに走らせ、諸官を難波宮に集合させた。二月には恭仁京から高御座《たかみくら》を難波宮へと運ばせ、二月二十六日には「難波宮を皇都」と定める。

かくして平城京、恭仁京、紫香楽宮から難波宮へと、「遷都症候群」を露わにした。四年のあいだに目まぐるしく遷都が行われた。事実上、四都併存で翌年（天平十七年）にまた紫香楽宮に遷都し宮殿を造成したが、工事が間に合わず垂れ幕を張って取り繕った。

このような目の回るような首都移転はおそらく古今東西に例を見ないだろう。

疫病、天災、飢饉

疫病の蔓延で死屍累々の惨状を呈した記録はすでに『古事記』『日本書紀』の第十代崇神天皇の条にあり、国民の半分が死んだというから凄まじい。

第二十八代宣化《せんか》天皇（在位五三六年——五三九年）の勅は次の通り。

「食は天下の本である。黄金が満貫あっても飢えを癒やすことは出来ない。真珠が千箱あってもどうして凍えるのを救えようか」

疫病と餓死が大量に確認されているのは天平九年（七三七年）である。飢饉に備え各地に屯倉《みやけ》を設置し、食糧を備蓄した。屯倉は御蔵《みくら》とも言い、武器庫と食糧倉庫を兼ねた。

天平十五年（七四三年）は三月から五月まで雨が降らず宇治川が干上がり、人々は歩いて渡河した。同年七月、出雲に雷雨が烈しく、山が崩れ落ちて人家を呑み込み、田んぼを埋めた。八月、上総では暴風雨がつづき、長さ三、四丈から二、三尺までの雑木が一万五千本ほど流れ出て、海辺に漂着した。

天平十六年（七四四年）四月、紫香楽宮で山火事があり、数千名が動員されて消火活動に当たった。五月、肥後で雷雨と地震があり、官舎と民家四百七十軒、田畑二百九十余町が冠水、山崩れ二百八十カ所、千五百余人が犠牲になった。列挙し始めると際限がないほど天災が頻発し、疫病と飢えが蔓延して餓死者も膨大な数に上った。人食いは日本の史書にはほとんど記載がなく、物忌を信じた朝廷人が書きそびれたか、或いは編集段階で削除したか。しかしつい最近まで中国では人が人を食べていた。

「長屋王の変」は陰惨な謀略だった

閑話休題。長屋王が皇位に就いていたら阿倍内親王の天皇即位はなかった。棚ぼたの孝謙天皇もまぼろしに終わっていた筈である。

長屋王の悲劇は藤原四兄弟の陰謀に因る（正確に言うと長屋王と親しかった藤原房前が外されたから藤原三兄弟の陰謀）。

神亀六年（七二九年）二月に起きた陰湿な謀殺事件が「長屋王の変」だ。藤原仲麻呂の父はこの「四兄弟」の長兄、武智麻呂である。藤原一族には暗い陰謀を好む血が流れている。

阿倍内親王はまだ十歳だったから事件に関与するどころか事件の意味もわからなかった。なんとなく自分の身に火の粉がふりかかっている恐怖感くらいは抱いただろう。長屋王は当時の事実上の宰相で皇位継承候補者としても有力な地位にあった。藤原兄弟にとって長屋王はじつに邪魔な存在だった。陰謀で葬る手段が練られた。天智系（藤原不比等は天智天皇の御落胤）の藤原一族にとって天武天皇嫡孫の長屋王は目の上のたんこぶ、いずれは排除しなければならない存在だった。このように藤原一族の野心は目を覆うほどに露骨で陰湿なのである。

ところで、藤原仲麻呂の乱を詳述した史書は『続日本紀』だけである。拙著『歩いてみて解けた「古事記」の謎』（育鵬社）にも記したことだが、史書とはそもそも現役、並びに直近の人物には触れない傾向、というより掟があり、たとえば『古事記』は推古天皇を簡略化し、厩戸皇子《うまやどの》(聖徳太子)には触れず、百年の空白がある。蘇我氏の評価が定まらなかったからである。

勅撰史書『続日本紀』は光仁天皇(在位七七〇——七八一年)の命により、菅野真道《すがののまみち》らによって延暦十六年(七九七年。称徳天皇崩御から二十七年後)に完成。文武天皇元年(六九七年)から桓武天皇の延暦十年(七九一年)までほぼ百年間の歴史を扱っている。

当初は孝謙天皇の治世までを扱う予定だったが、淳仁天皇を擁立した藤原仲麻呂(恵美《えみの》押勝《おしかつ》)が容喙《ようかい》して藤原仲麻呂政権下で編纂が続けられ、藤原仲麻呂の乱によって、草案は一時期中断した。藤原仲麻呂のように、前節と後節で同じ人物の評価が百八十度ちがうのは編纂段階の前期と後期で担当者が入れ替わっているからだ。

淳仁廃帝、称徳重祚のあと、草案の修正について筆者間でも意見統一が出来ず、いったんは紛失を理由に未完成とされたが、光仁期に石川名足《いしかわのなたり》、淡海三船《おうみのみふね》、当麻永嗣《たいまのながつぐ》らが引き継ぎ、さらに桓武《かんむ》天皇(在位七八一——八〇六年)期に菅野真道、秋篠安人《あきしののやすひと》、中科巨都雄《なかしなのこつお》らが完成させた。

したがって桓武天皇の業績が実際以上に高く評価されるという政治的配慮がなされると

ともに、藤原広嗣の乱には意外に好意的な箇所が目立ち、吉備真備を酷評したかと思えば、宇佐八幡宮神託事件をさらりと述べるにとどめ、一方、弓削道鏡に関しては過剰に悪人扱いをするなど、その時々の政治的意図を大きく反映している。『続日本紀』を読む際は、その分を割り引く必要がある。

「長屋王の変」は孝謙天皇が内親王だった神亀六年（七二九年）、十歳の時の出来事である。長屋王が「左道」（呪術）で国を傾けようとしているとの密告があり、急遽取り調べが行われた。王宮の南東に位置するきらびやかで広大な長屋王邸をくまなく捜索した結果、長屋王妃の吉備内親王が妖術に用いていた器材などの「証拠」が出てきた。厳しい追及を受け、あらぬ疑いと抗弁したものの、二月十二日に長屋王は自裁した（自殺に見せかけて殺されたのだろう）。長屋王の妻子（吉備内親王、膳夫王《かしわで》、桑田王、葛木王《かづらぎ》、鉤取王《かぎとり》等）も首を括って死んだことにされた。

長屋王とその子供達は皇位継承の最も近い位置にあったため突如、物理的に排除されたのだ。長屋王は天武天皇の嫡孫、長屋王妃のひとり吉備妃は天武天皇の皇子だった草壁皇子の娘である。藤原兄弟の策謀によって皇位継承権は聖武天皇に移った。

事実上の政治指導者として、長屋王の政治力と財力は聖武天皇を凌駕していた。長屋邸宅は一万八千坪という広大な敷地に氷室や大きな倉庫が並び、優雅な庭には池、水面《みなも》に鶴。長屋王邸は首相府でもあり、交易センターを兼ねていたことを、出土した夥しい木簡（十万本を超える）がそれを証明する。

平城京の北には詩歌の宴を催す高楼（作宝楼《さほろう》）が設営され、文化人、外国人、宮廷歌人等があつまって「文化サロン」を形成していた。詩歌、文学、史学、薬学のほかに仏教、儒教、道教、医学、占星術や陰陽道が論じられた。話題のひとつに「左道」もあったであろう。

長屋王の墓は、奈良県の平群《へぐり》にある。

雨あがりの初夏、私は何者かに誘われるように長屋王の御陵を訪ねた。近鉄生駒駅で乗り換え南下すること二十五分ほど。平群で降りて駅前に停まっていたコミュニティバスの愛称が「長屋くん」だったのは微笑ましかった。地元では愛称で親しまれているのだ。駅北口の信号を渡り、県道沿いに歩く。付近は「御陵跡住宅」（一戸建てがならぶ団地）という。長屋王御陵は農道のような短い参道の階段の先にある。緑が映える宮内庁指定の遺跡として小綺麗に整備されている。直径十五メートルほどの墳墓は、史書によれば生駒山の古代

藤原四兄弟に誣告され一家ことごとく薨去した長屋王の墓(奈良県生駒郡平群町)。長屋王は怨霊となって藤原四兄弟を祟り殺したと信じられた

古墳に葬られたあと、平群古墳群に移管され、改葬されたものらしい。となりに猫の額ほどの小さな公園があり、案内板、屋根付きのベンチと公衆トイレが設けられている。ちなみにそこから百二十メートルほど奥へ進むと長屋王妃・吉備内親王の墓稜があり、こちらは直系二十メートル。参道は三十八段の階段で、長屋王より大きい。

長屋王の和歌が万葉集に収録されている。

我が背子《せこ》が　古家《ふるえ》の里の　明日香には
千鳥鳴くなり　妻待ちかねて

佐保過ぎて　奈良の手向けに置く幣《ぬさ》は
妹《いも》を目離《めか》れず　相見《あいみ》しめとぞ

少年時代に飛鳥で育んだ慕情を静かな感覚であらわした秀歌である。

皇室を巡り豪族と坊主たちの陰湿な、どろどろとした権力闘争が展開されたのがこの時代の特徴だった。三島由紀夫は、「日本の深い根から生い立ったものの暗さ」（『天人五衰』）と表現した。

有馬皇子、長屋王、穴穂部《あなほべの》皇子、大津皇子、早良《さわら》親王らの物理的排除（殺害）が連続した。遷都に反対する勢力が放火など露骨な妨害をした。

藤原広嗣の真の標的

この時期のもう一つの大きな事件といえば「藤原広嗣の乱」である。

天平六年（七三四年）、吉備（下道《しもつみち》）真備と玄昉《げんぼう》（真備と同じく留学帰りで、聖武天皇の母・藤原宮子の治療で重きをなしていた）が遣唐使の務めを果たし、夥しい仏典や漢籍を持ち帰ったので聖武天皇は大いに喜び、吉備真備を十階級特進の正六位に叙し、大学助《だいがくのすけ》に抜擢。また玄昉を僧正に任じて二人を重用した。参議には県犬養石次《あがたのいぬかいのいわすき》、大野東人《おおののあずまびと》、巨勢奈弖《こせのなで》麻呂《まろ》、大伴牛養《うしかい》を任命した。

これに不満を抱いたのが大宰少弐・藤原広嗣《ひろつぐ》だった。広嗣は「僧正・玄昉と右衛士督の下道真備のふたりは陰謀家である。政権から追放せよ」と上奏し、天平十二年（七四〇年）八月に、九州で大規模な軍事行動を起こした。

孝謙天皇はこのとき立太子からまだ二年目で、このクーデターを「おそろしや」とは受け止めても、その隠された意図に気づくはずもなかった。

標的となった真備と玄昉は当て馬で、本当の標的は聖武天皇、とくに女性皇太子への反対であった。真の目的は阿倍皇太子の廃嫡にあったのだ。

九州一帯では中央に不満を持つ豪族たちが藤原広嗣の蹶起《けっき》に呼応した。このため反乱軍の兵力は一万人に達した。まるで六世紀の筑紫君磐井《ちくしのきみいわい》の乱（継体天皇二十一年／五二七年）の規模を彷彿とさせる。磐井の乱の鎮圧には一年半を要し、大伴金村《かなむら》と物部麁鹿火《もののべのあらかい》を差し向けてなんとか平定した。大和朝廷軍の朝鮮半島出兵を磐井が阻止しようとして起きたとされるが、朝廷の狙いは、博多湊を抑え外交・軍事・貿易の一元化にあった。

さて、藤原広嗣の乱に対して日和見に終始した聖武天皇は、疫病から逃れるためもあって突如として伊勢国へ出かけたまま、前述のように、恭仁京、紫香楽宮、難波宮と、天平十七年（七四五年）まで足かけ五年にわたって一時的遷都を繰り返し、平城京は文字どおり空白地帯となった。この五年間の重要性を、歴史家は軽視し過ぎている。

仲麻呂に実権を握られた橘諸兄政権

藤原仲麻呂独裁の出現前に、短命に終わったが、橘諸兄《たちばなのもろえ》政権があった。

橘諸兄は朝臣《あそん》を賜る前は葛城《かつらぎ》王（この時代の「王」は天皇後継候補の皇子）と呼ばれた。臣籍降下して橘宿禰《すくね》、そのあと橘朝臣《あそん》姓となった。官位は追贈正一位・左大臣である。

聖武天皇の重鎮だった橘諸兄は、藤原家との血のつながりはないが、藤原不比等と県犬養三千代との娘・多比能《たびの》を妻としたから、不比等の嫡孫である仲麻呂からみれば諸兄は義理の叔父にあたる。当初、橘諸兄と仲麻呂との関係は良好だった。

また、大宰帥《だざいのそち》（大宰府長官）だった美努王《みぬおう》（敏達《びだつ》天皇の曽孫）と犬養三千代の間に産まれた光明皇后は異父妹ということになる。「諸兄」という名は光明皇后の兄、ひいては聖武天皇の兄にあたるという意味がある。

犬養三千代は最初、美努王に嫁ぎ、葛城王（橘諸兄）、佐為《さい》王、牟漏《むろ》女王（藤原房前《ふささき》に嫁ぐ）

を産んだ後、美努王と別れて藤原不比等に乗り換えた。そして安宿媛《あすかべひめ》（後の光明皇后）が誕生した。

鍵は犬養三千代という女傑にあることがわかるだろう。三千代は美努王と別れ、藤原不比等の正室に納まった。不比等に異様な才能を見いだしたのだろうか。

神亀元年（七二四年）、聖武天皇の下で橘諸兄は従四位下に叙せられ、神亀六年（七二九年）に起きた藤原兄弟（不比等の息子たち）による長屋王暗殺のあと正四位下、左大弁に昇進。天平三年（七三一年）に藤原宇合・麻呂兄弟や多治比県守《たじひのあがたもり》らとともに参議となった。聖武天皇政権の中枢に加わったのだ。藤原兄弟からみれば諸兄はシャクの種。権力闘争における最大のライバルとなった。

長屋王謀殺の祟りか、不比等の四人の息子、藤原四兄弟が天平九年（七三七年）、疫病のために相次いで亡くなった。四月に次男・房前、七月に四男・麻呂、同月下旬に長男にして仲麻呂の父・武智麻呂《むちまろ》が、八月に三男・宇合《うまかい》が死去。これで藤原四兄弟全員が死亡した。聖武天皇は朝廷での執務を取りやめ、隔離された邸《やしき》に住んだ。

これを機に、野心を隠し雌伏してきた藤原仲麻呂のサイコロの目が変わった。仲麻呂の政治野心が爆発したのである。

暴走気味だった藤原四兄弟がいなくなると、朝廷トップは参議の鈴鹿王（高市皇子の次男、天武天皇の孫）と橘諸兄の二人だけになった。聖武天皇は鈴鹿王を知太政官事《ちだいじょうかんじ》（太政官長官）に任じ、橘諸兄は大納言、次いで天平十年（七三八年）に右大臣に昇格した。事実上の橘諸兄政権の誕生である。

ちなみに天武天皇のときから皇族の臣下化がすすんでいた。鈴鹿王を知太政官事に任命したのは皇位への望みを断ち切らせたのと同義である。


橘諸兄政権は、疫病による国力衰退を回復するために郡司定員の削減や郷里制の廃止など地方行政の簡素化を行った。また東国農民の負担軽減を目的に防人を廃止し、兵士・健《こん》児《でい》徴兵を停止した。これらの兵士は新羅の侵攻に備えたものだった。

橘諸兄は温和な性格で、天平勝宝《しょうほう》八歳（七五六年。仲麻呂の頃、唐に倣って年を「歳」と表記した）まで太政官の地位にありながら鋭角的な対立を好まず、政治謀略の駆け引きに欠ける嫌いがあった。とくに孝謙天皇即位後、近衛連隊長官とも言える紫微中台《しびちゅうだい》長官（紫微令）に藤原仲麻呂が就任して橘諸兄と並ぶ権力を手に入れたことにも無反応だった。朝廷の中枢部隊を仲麻呂に握られたことは、軍事権が諸兄の掌から離れたことを意味する。

橘諸兄は軍事より文化に関心があり、三十六歌仙の一人、大伴家持と深い親交があった。平安時代の歴史物語風な史書『栄花物語』に「むかし高野の女帝の御代、左大臣橘卿諸兄等集りて万葉集をえらび給」とあるように、橘諸兄は万葉集選者の一人とされるたいへんな知識人である。魏の初代皇帝・文帝の言う「文学は経国の大業にして不朽の盛事也」を地で行った人物だった。

日本独特の「神仏習合」

それ以前、藤原仲麻呂は何処で何をしていたのか。彼は幼少から青年期をいかに過ごしてきたのか。

仲麻呂の誕生は慶雲三年（七〇六年）、『古事記』成立の六年前だ。父の武智麻呂はこの時、大学頭だった。三歳の時に祖父の不比等が右大臣に、物心が付く七歳の時に父が近江守となった。それゆえ近江がこころの故郷《ふるさと》となる。仲麻呂は美しく穏やかな琵琶湖（当時は淡《おう》海《み》と言った）の景観を眺めながら夢多い少年期、青年期を送った。

藤原仲麻呂には算術（数学）の異様な才能があった。無名無冠時代の仲麻呂は居場所を求めて精神の彷徨を繰り返した。その孤独感を癒やし、人格形成の基礎となったのはおそらく算術への情熱であったろう。

「（仲麻呂は）卒性聡敏にして、略書記に渉る。大納言阿倍少麻呂に従いて算を学び尤も其の術に精し」（『続日本紀』）

平城京の造営を主導したのは仲麻呂の祖父・藤原不比等である。藤原不比等は平城京の東隣に「田村第《たむらてい》」と呼ばれる邸宅を構えていた（現在の法華寺）。この藤原邸で阿倍内親王は育った。不比等の威光を偲ばせるのは、不比等の一周忌（養老五年／七二一年）に、元正天皇・元明太上天皇が長屋王に命じて建てさせた興福寺・八角堂（北円堂）である。

御所の朱雀門などの位置は唐の都市設計から借用し、碁盤の目のような街作りも長安を模しているから、単純に長安を模倣したと思われがちだが、平城京には城壁がない。この点は日本独自の建築思想による。

着工前には地鎮祭が執り行われ、仏教による鎮護国家建設の安寧を古き日本の神々に祈った。皇室はことあるごとに伊勢神宮に幣帛《へいはく》を奉納する。天皇の代理として伊勢神宮に奉仕する未婚皇女は斉王《さいおう》と呼ばれ、その初代斉王は天武天皇の皇女・大来皇女《おおくのひめみこ》だった。

また、仏教を学ばせる遣唐使の派遣にあたって天平勝宝二年（七五〇年）、石川年足《いしかわのとしたり》（のちに藤原仲麻呂の側近）を伊勢神宮に派遣して幣帛を奉納し、航海の安全を祈願している（この時の遣唐使の副使の一人が吉備真備である）。

こうした日本独特の神仏習合の「伝統」は聖武天皇にも引き継がれた。東大寺の大仏建立に際しては宇佐八幡の「八幡大神」から「神であるわれは、天神地祇を率い誘って、必ず造仏を成就させよう」との託宣があったとして、聖武天皇は八幡大神を平城京に招き、平群《へぐり》に歓迎使節を送って出迎え、「八幡大神」の使いの一行は東大寺を参拝した。儀式後は宇佐八幡宮司に封土八百町を賜っている。

この時点で仲麻呂は大納言になっており、天皇は大郡宮（大和郡山の薬師寺跡か）の行宮《あんぐう》に住まわれた。

また聖武天皇がはじめての皇子に恵まれた時の詔は、

「朕、神祇の祐《たすけ》に頼《よ》りて宗廟の霊を蒙り、久しく神器を有《たも》ちて新たに皇子を誕《う》めり．立てて皇太子とすべし」

この詔では仏への感謝はなく、神祇への感謝が述べられている。

その聖武天皇の内親王、後の孝謙天皇は、初期段階ではやはり神仏習合の伝統に立ち、たとえば橘奈良麻呂の乱を未遂に終わらせた直後の天平宝字元年（七五七年）七月十二日の孝謙天皇の詔には次のようにある。

「明御神《あきつみかみ》として大八洲《おおやしま》を支配する倭根子天皇《やまとねこのすめらみこと》の大命として、仰せになるお言葉を親王・諸王・諸臣・百官の人たち・天下の公民は、みな承れと申しつげる。

高天原《たかまがはら》に神としておいでになる天皇の遠祖の男神・女神のお定めになった、天つ日嗣《あまひつぎ》の高御座《たかみくら》（皇位）の順序を〈奈良麻呂らが〉かすめ奪い盗もうと企てて」（中略）「代々にお治めくださった天皇たちの大御霊《おおみたま》が汚い奴らをお嫌いになってお捨てになり、また盧舎那仏・観世音菩薩・仏法を守る梵天《ぼんてん》、帝釈天、四天王たちの不可思議な威力によって」云々。〈〉内は筆者注（以下同）。

ここでは古来の日本の神々、ついで諸仏の順番となっている。この順番に留意されたい。

算術に異能を発揮した仲麻呂

藤原仲麻呂の下積み時代、聖武天皇は篤実な仏教信仰を深めて大仏殿を建設し、恭仁京、紫香楽宮（設楽宮）、難波宮と遷都を繰り返し、そして平城京へ戻った。

四回の遷都を経済の見地からみると土木建築ブームで経済が浮揚した筈なのである。史家が殆ど軽視してきたのは恭仁京と紫香楽宮の造成工事である。その設計と土木事業の基礎計算、それに兵站《へいたん》を支えるにも算術が必要になる。都市計画と建設の基本となるのは測量である。仲麻呂の算術の知識が測量技術に活かされたことは明らかだろう。

たとえば石垣を積み上げて築城するとしよう。どの角度で積み上げ、礎石にはどの大きさの石がどれほど必要か、その石材の産地から運搬の距離と運搬道具や動員労働力の計算が必要だ。戦国から江戸時代にかけて城作りの名人と言われたのは藤堂高虎だが、石田三成も黒田官兵衛も数字には明るかった。

闇雲に物資や人を動員して工事を始めるのではなく、たとえば築堤工事に関しては、土嚢一袋を一尺四方とすればどれだけの土砂が必要か、土嚢を何個積み上げれば高さ五尺の堤防が可能となり、必要な労働力の動員は何人か、工事期間は何日かといった計算が出来なければならない。また現場監督クラスでは、農閑期を選び、集落ごとに適切な人数を割り当てるには日頃からの役所の戸籍管理も必要になる。

藤原仲麻呂は今日《こんにち》の一級建築士に匹敵するほど、三角関数や微分積分の原型のような複雑な計算から天文学にも通暁していたと想像される。なぜなら孝謙時代にも、わが国は暦（カレンダー）を変えているが、これは吉備真備が唐から持ち帰った大衍暦《だいえんれき》を理解できた仲麻呂の建言によって実現した。

大衍暦は太陰太陽暦の暦法で、唐の僧・一行《いちぎょう》が玄宗の勅令を受けて編纂した。一行らは、南は交州から北は鉄勒《てつろく》にいたる子午線弧長の測量を行い、中国全土に及ぶ大規模な天文測量を実施した。これを吉備真備が天平七年（七三五年）に唐から持ち帰り、二十二年もの時間をかけて慎重な準備が進められた末に天平宝字元年（七五七年）二月、藤原仲麻呂政権下で採用された。

結局、貞観四年（八六二年）に宣明暦が導入されるまで、大衍暦は百年ほど用いられた。宣明暦は、これも中国暦の一つで渤海使《ぼっかいし》がわが国にもたらしたものだ。日蝕、月食の予報に進歩が見られたこともあって、その後、わが国では八百年以上の長きにわたり、江戸時代の貞享二年、初の和暦（貞享暦）に改暦されるまで使用された。

時間の計算、暦の運用に明るかった天智天皇も従来の暦を換えようとし、斉明天皇の皇太子時代に日本で初めて水時計の製作を試みた（飛鳥の水落ち遺跡）。仲麻呂の時代には天文学、時間の計算が発達し、まつりごとにも数学的知識が反映されるようになった。

仲麻呂の算術の師匠は、阿倍宿奈麻呂《あべのすくなまろ》（少麻呂）。あの阿倍比羅夫《ひらふ》の子である。

阿倍比羅夫といえば、蝦夷を服従させ、女真族系の粛慎《みしはせ》を討伐し、東北遠征軍を率いて北海道まで渡った豪傑である。朝鮮半島の白村江の海戦では後詰め船団を率いて百済亡命組二千余名を日本に連れ還った。観光客で賑わう北海道・函館本線「比羅夫」駅の周辺一帯の地名は「ニセコひらふ」という。

遣唐使として派遣され玄宗皇帝の側近となった阿部仲麻呂はその末裔である。さらに時代が下り、陰陽師として一世を風靡した安倍晴明《あべのせいめい》は、阿倍比羅夫の傍系だ。

藤原仲麻呂は十代で大学寮に入り、阿倍宿奈麻呂から算術を習い、優秀な成績で卒業した。だが、仲麻呂のような合理的・理知的人間に欠けるのは神秘への畏怖である。まさにこの一点で仲麻呂と孝謙天皇は精神のあり方の根本が異なっていた。

人間関係を貸借対照表で判断すると、理知的人間は情緒的・気分的な絆が希薄であり、情緒的人間との同士的結合は望み薄く、当てにした協力関係が土壇場で崩れることがある。

国家を領導すべく高き志を抱いた指導者は、彼のために死ねる同志を何人持てるか、それで政治家としての力量が測られる。仲麻呂は権力の絶頂期に六千人の兵を動かせたといわれるが、それは机上の計算であり、全員が仲麻呂に忠誠心を尽くそうとする組織的な絆や強い連帯感があったわけではない。人間の心理は計算では解けないのだ。

人間関係は人生の資産たりうる。だが、近代経済学でいう収支報告、貸借対照表で「資産」として計上されたものは、仲麻呂の場合、事実上の「不良債権」だった。仲麻呂は土壇場でそれを知ったことだろう。友情は計算では築けず、人間は官位や門閥に従うものと定義してしまうと、人間の心理が変数であることを忘れがちになる。数式に溺れると、論理が破綻した場合、心理に恐慌をきたすことがある。

東大寺、興福寺の寺領を増やし実入りをよくしてやれば僧たちは忠誠を誓うだろうという思惑は合理的だが、仏教の神秘的な信仰に数式で計測できるような合理性はない。

カリスマ性は、一見不合理な、神秘的な属性に宿る。仲麻呂はこの方面の資質に恵まれていなかった。そもそも女帝・孝謙の心をいつまでも繋ぎ止めることが出来なかった。

算術好きで夢想家であったことが仲麻呂の人格形成に大きく影響している。算術に異能を発揮したのは十五歳頃のことだったが、三十歳近くまで出世とは無縁の疎外された環境にいた。居場所のない孤独を紛らわせるためにも、数式と計算に没頭したことは容易に想像がつく。

仲麻呂が二十四歳の天平元年（七二九年）、父の武智麻呂は大納言に出世した。仲麻呂は初めて正六位下から五位下に昇叙し宮殿への出入りが可能となった。

父の武智麻呂は右大臣にまで出世をとげたが、疫病が大流行した天平九年に死去した。翌年、阿倍内親王が皇太子に、橘諸兄が右大臣となった。このとき仲麻呂は従六位のままであった。仲麻呂は三十四歳にしてようやく従五位下に叙せられ、聖武天皇の行幸では伊勢への往復、前衛騎兵をつとめた。小役人たちのまとめ役といった位置である。恭仁京造営にあたっては宅地班担当として、左京、右京の地区割り設定に関与し、やっと中堅の役人となった。おそらく恭仁京の都市設計に於いて基本設計はともかく官吏たちの官舎設営には仲麻呂の算術の能力や測量技法が重宝されたのではないか。

藤原仲麻呂は、仲麻呂の祖父・不比等の娘である光明皇太后に取り入り、厚い庇護を得た。聖武天皇と光明皇后との間に産まれたうら若き芳妃・阿倍内親王（孝謙天皇）にとって仲麻呂は血の繋がった身内でもあり、当時の環境と人脈から見れば、内親王が仲麻呂を頼りにしたのも、きわめて自然な流れだっただろう。孝謙天皇との蜜月時代に仲麻呂は権力の頂点に立った。

天平十四年(七四一年)に平城京留守役、同年師走には恭仁京留守居役。翌年には聖武天皇の紫香楽宮行幸に随行し、五月に従四位下になった。留守居役とは印璽《いんじ》を預かる重要な任務で、印璽を警備する「鈴守」の監督官である。四十歳にして近江守を兼務、ようやく政治的基盤が出来た。四十歳までの歳月は仲麻呂の下積み時代であったならば吉備真備はこの頃、何をしていたのか。

吉備真備は十八年に及んだ唐の留学から天平六年(七三四年)帰国し頭角を現した。天平十八年(七四六年)の十月、天皇は従四位下だった下道《しもつみち》真備に吉備朝臣を賜姓した。翌年に吉備真備は右京太夫となり朝廷で確固たる地位を築いた。この時点で橘諸兄の子、橘奈良麻呂は従五位上である。奈良麻呂は真備と玄昉に嫉妬した。族閥政治に他者が闖入したと見たからだ。

かくして橘諸兄、藤原仲麻呂、吉備真備、万葉集選者の大伴家持、そして後年、仲麻呂から臨時天皇(偽天皇)に祭り上げられた塩焼王と、孝謙天皇即位前の役者の顔ぶれが揃った。弓削道鏡はまだ舞台には上がっていない。

藤原仲麻呂の系図

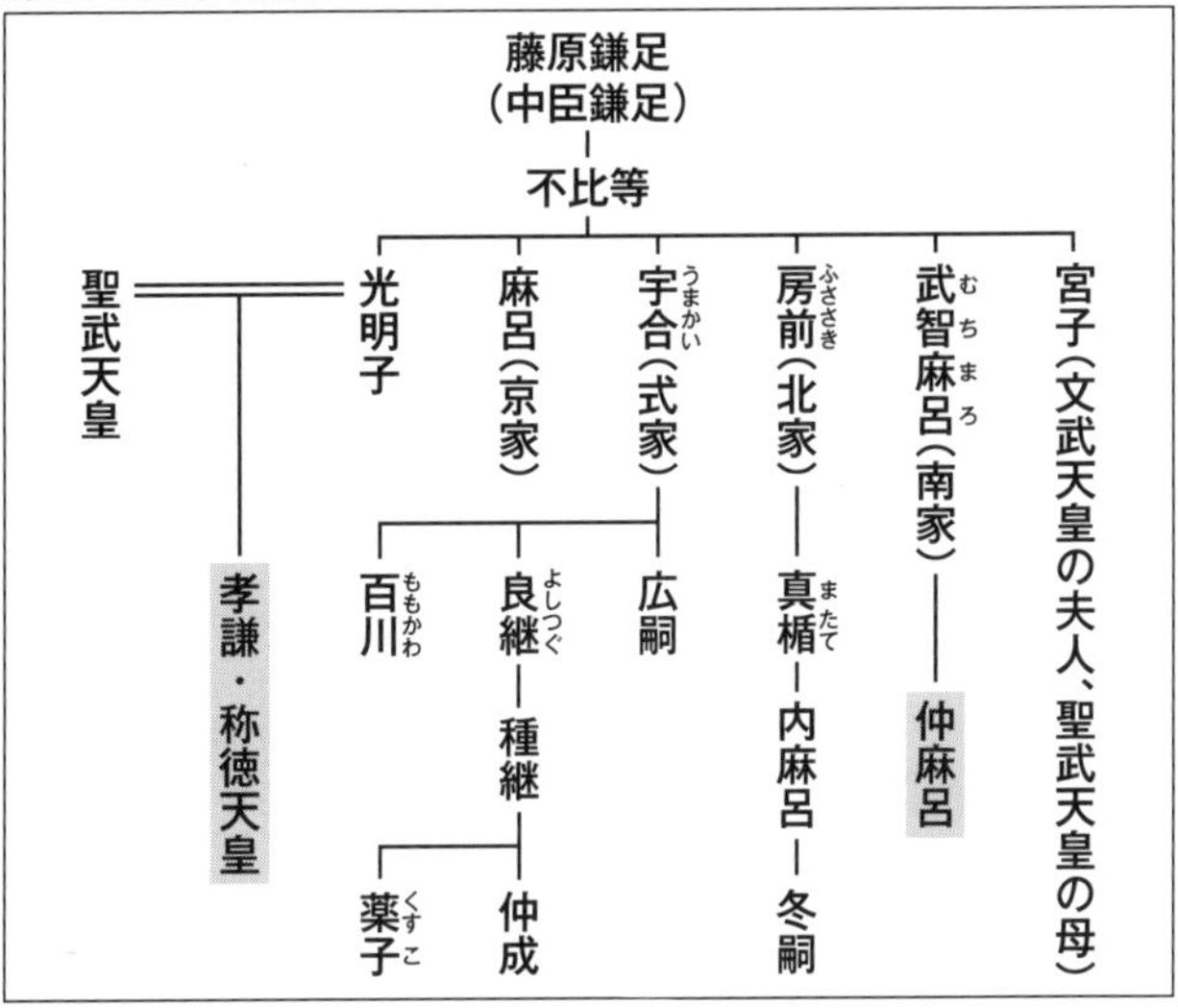

孝謙天皇が即位すると、光明皇后の威光を背景に仲麻呂が大納言兼紫微令《しびれい》（近衛隊長）となって本格台頭した。藤原仲麻呂にとっての政治信条は、天武天皇が説いた「まつりごとの要は軍事なり」だった。

この人事は、孝謙天皇が仲麻呂を朝廷の守護者として信頼していた証である。紫微令を現代の日本の制度に当てはめると皇宮警察責任者兼警視総監に匹敵する。戦前なら近衛師団長だろうか。兵力は四百とされた。

第三章

橘奈良麻呂の乱

藤原仲麻呂に利用された橘奈良麻呂

橘諸兄《もろえ》の子・奈良麻呂《ならまろ》は、藤原仲麻呂ら藤原氏の勢力に反発し、天平十七年（七四五年）頃から、長屋王の遺児、黄文王《きぶみおう》を擁立して謀反を企てていた。孝謙天皇（阿倍皇太子）即位の四年前のことだ。

橘奈良麻呂は聖武天皇が後継に立てた阿倍内親王の立太子を認めない立場だった。なにしろ、過去に女性天皇はいたが、女性皇太子は初めてだったからだ。

天平勝宝元年（七四九年）、難波宮へ行幸していた聖武天皇が病に倒れ、皇太子だった阿倍内親王（孝謙天皇）に譲位した。

奈良麻呂のクーデター計画は次の四点を目標とした。

（一）藤原仲麻呂の殺害、（二）仲麻呂を後ろ盾とする大炊王《おおいおう》（後の淳仁天皇）を追放、（三）光明皇太后（聖武天皇皇后）の拘禁、（四）孝謙天皇の廃位。

どの程度本気だったのか、計画が杜撰すぎて逆に仲麻呂に利用される結果に終わった。

奈良麻呂は悪く言えば単細胞型だった。おそらくは会う人ごとに「あいつらをやっつけようぜ」と言っていたのであろう。誰も本気にしなかった可能性が強い。

結論から言えばこの大胆な計画は仲麻呂側のフレームアップだろう。橘奈良麻呂を極悪人に仕立てるための情報操作だった疑惑が濃厚である。なにしろ仲麻呂にはスケールの大きな謀《はかりごと》をめぐらす天才的素質があった。

天平勝宝七歳（七五五年）、奈良麻呂の父・橘諸兄が宴席で、聖武太上天皇に対する不敬な発言をしたとの密告があった。太上天皇は取り合わなかったが、橘諸兄はこれを恥じ、恭仁京遷都の失敗を理由に辞職を申し出て認められ、天平勝宝九歳（七五七年）一月に薨《こう》じた。享年七十四だった。

諸兄の死で状況に大きな変化が生じた。

半年後、奈良麻呂が謀反を企み、およそ四百名もが連座して拷問を受け、獄死した。これで藤原仲麻呂の政敵は暫時《ざんじ》不在となった。いわば凄惨な政敵虐殺事件ともいえる。

藤原仲麻呂は阿倍皇太子（孝謙天皇）に深く取り入り、その力は強大だったから、周辺の貴族らは拱手傍観《きょうしゅぼうかん》していた。阿倍内親王の皇位継承に反対した橘奈良麻呂の影響力はすっかり失われていた。

阿倍皇太子にとって軍事行動は避けたいところだろうが、藤原仲麻呂にとって覇権を狙う以上、政治とは命がけの行為であり、またぼんやりして行動を起こさなければ殺される懼《おそ》れがある。「殺《や》られる前に殺れ」が当時の鉄則であった。

橘奈良麻呂の乱の経過は次のようである。

専政を強める藤原仲麻呂に対して、奈良麻呂は不満派を糾合すべく、太政官院（太政官の庁舎）の庭に大伴《おおともの》古麻呂《こまろ》、小野《おのの》東人《あずまひと》、黄文王、安宿王《あすかべおう》ら二十名を呼び集めた。山背王《やましろおう》が孝謙天皇に「奈良麻呂が兵をもって仲麻呂の邸を包囲しようと計画している。大伴古麻呂もその事情を知っている」と密告した。この山背王は長屋王と藤原長娥子《ながこ》の子。長屋王の変では母が藤原不比等の娘であったため罪を免れ、謀反密告により従三位、のち藤原弟貞《おとさだ》の名をあたえられた。

藤原仲麻呂は自らが掌握する中衛府兵を動かし、前皇太子・道祖王《ふなどおう》邸を包囲したうえ、小野東人らを捕らえて左衛士府の獄に下した。翌日には右大臣・藤原豊成《とよなり》、中納言・藤原永手《ながて》らが小野東人を訊問。東人は無実を主張した。

孝謙天皇は仲麻呂を傍らにして、塩焼王《しおやきおう》、安宿王、黄文王、橘奈良麻呂、大伴古麻呂に「謀反の企てがあるとの報告があるが信じない」と宣命したと『続日本紀』はいう。この五人が雁首そろえて玉座の前に集まったという筋立ては状況からみてもありそうにない。実際に面談し、五人を説諭したのは光明皇太后だった。孝謙天皇は未熟ゆえに仲麻呂のやり方を眺めているしかなかった。

小野東人は以前も藤原広嗣の乱に連座して、伊豆国三島へ配流された「前科」がある。その後赦免されて備前守に任ぜられ、その二年後に従五位上となっていたが、中衛舎人・上道《かみつみちの》斐太都《ひたつ》にうっかりクーデター計画をもらし、藤原仲麻呂に密告されてしまった。

仲麻呂は藤原永手らを左衛士府に派遣して小野東人、答本忠節《とうほんちゅうせつ》（百済系の官人、医師）らを捕らえて拷問した。東人らは凄惨な拷問に耐えられず「謀反を自白」したことにされた。拷問は犯罪を本当らしく見せるために行われた。

藤原永手、百済王敬福《くだらのこにきしきょうふく》らによる過酷な拷問で道祖王、黄文王、古麻呂、東人、多治比《たじひの》犢養《こうしかい》、加茂角足《かものつのたり》らは絶命した。安宿王《あすかべおう》は佐渡島へ、大伴古慈斐《こしび》（藤原不比等の娘婿）は土佐国に配流された。塩焼王は直接関与した証拠がなかったために不問とされた。

東人らの「自白」によれば、橘奈良麻呂、大伴古麻呂、安宿王、黄文王らが一味して兵を動かし、仲麻呂を殺して皇太子を退け、次いで皇太后の宮を包囲して駅鈴と玉璽を奪い、右大臣豊成を奉じて天下に号令し、その後、孝謙天皇を廃し、塩焼王、道祖王、安宿王、黄文王のいずれかから天皇を推戴する計画だった。

安宿王も悲劇の皇子だった。藤原四兄弟に謀殺された長屋王の五男だったが、母が藤原不比等の娘だったので同母弟の山背王とともに死を免れた。孝謙天皇の即位後、中務大輔。その後、播磨守・讃岐守。天平勝宝六年（七五四年）、唐の高僧・鑑真《がんじん》を迎える勅使に任じられた。安宿王は仏教儀式に明るい知識人でもあった。

従五位上陸奥守・佐伯全成《さえきのまたなり》は、橘奈良麻呂から三回もクーデター計画への参加を打診されたがすべて断った。にもかかわらず仲麻呂から嫌疑をかけられたので自裁した。貧乏クジを引いたとしか言いようがない。


そもそも橘奈良麻呂のクーデター計画なるものは常日頃の不満が爆発した大言壮語の類《たぐい》だった。会社が引けて焼鳥屋で上司の悪口を言い合うビジネスマンたちと変わりはない。宴会で組織が結束するはずもなく、まして密謀など百害あって一利なし、同志の絆を結ぶのなら中大兄皇子と中臣鎌足が山中で密会を重ねて「乙巳《いっし》の変《へん》」（大化改新）の謀議をこらしたように（奈良県桜井市の談山《たんざん》神社はこの密議の場所とされる）機密保持が鉄則である。

橘奈良麻呂は慎重に物事を進めることが不得手で、短慮で激情的だった。酒の勢いを借りた大言壮語を、藤原仲麻呂は意図的に「反乱」と呼び、橘奈良麻呂一派粛清の口実にしたのではないのか。

杜撰《ずさん》すぎた叛乱計画

橘奈良麻呂の蜂起計画はあまりにも杜撰だった。奈良麻呂はクーデターのイロハもわきまえていなかったことがわかる。

青年将校らが国のために蹶起《けっき》した昭和初期の五・一五事件や二・二六事件は、それなりの崇高な動機があった。しかし情報が漏れた。彼らはそれぞれが微妙に異なる政治信条を持っていた。軍の上層部は青年将校らに真っ向から反対せず、絶妙のタイミングで赴任地が変更となった将校も目立った。

「大化改新」の主役となる中大兄皇子と中臣鎌足は、密議をこらす一方で石川、佐伯氏に接近し秘密裏に同志を集めた。相手の性格、重厚か軽佻か、機密を守れる人物かどうか、周到な時間をかけて観察した上で婚姻を結ぶなどして血縁を結び、ゆるぎない信頼関係を築いた。機密は漏れなかった。だから蘇我入鹿《そがのいるか》は外国使節を迎える儀式とだまされて、御所の入口で疑いもなく守衛に刀を預け、のこのこと宮殿に入った。

まんまと入鹿を欺き、中庭あたりで斬った。これが「大化改新」の序章になる乙巳の変で、皇極天皇御臨席の御簾《みす》の前で入鹿の首が飛んでいる有名な絵は江戸時代の想像図である。

橘奈良麻呂は、中大兄皇子と中臣鎌足のこの先例を参考にした気配がない。歴史の教訓に学んだ形跡がない。

天平十七年から翌年にかけて藤原仲麻呂が乱発した人事たるや百人以上の人々の叙位を恣意的に行い、人事権を露骨に掌握して陣営を固め、橘諸兄政権の孤立化・弱体化を図った。藤原仲麻呂が人事で自派に引き入れたのは、実弟の乙麻呂は別にして、巨勢堺麻呂《こせのさかいまろ》、大伴犬養《いぬかい》、石川年足《としたり》（その後、仲麻呂の最側近となる）らである。

着目すべきは天皇警備の騎舎人《こまのとねり》を授刀舎人《たちはきのとねり》と改称し、さらに五衛府にくわえて中衛府を創設したことだ。現代風に言えば、皇宮警察と警視庁機動隊、そして要人警護隊の指令系統すべてを藤原仲麻呂が掌握したのだ。あまつさえ中衛府なる機関は仲麻呂の警護専門部隊だった。古今東西、独裁者は側近のテロを警戒するのである。

仲麻呂を毛嫌いしていた大伴家嫡流の家持《やかもち》とは疎遠だった大伴犬養だが、孝謙天皇即位に伴って従五位上に昇叙し、以後、山背守・播磨守・美濃守と地方官を歴任した。中央政界の動きに疎かったものの、淳仁《じゅんにん》天皇の即位直後に右衛士督、天平宝字三年には従四位下となって淳仁朝で重用され、要職を歴任する。しかし娘を仲麻呂の室に出していたため後年の藤原仲麻呂（恵美押勝）の乱で犬養の娘ともども斬となった。瓊瓊杵尊《ににぎのみこと》の天孫降臨に随伴した名流の大伴氏は、蘇我氏との権力争いに敗れた後は衰退するばかりだった。かろうじて大伴氏ここにありと武運の強みを発揮したのは壬申の乱で天武天皇側に立って勝運をひらいた大伴吹負《ふけい》くらいだった。

巨勢堺麻呂《こせのさかいまろ》は孝謙天皇の即位に伴って従四位下に叙され、皇后宮職が紫微中台に改組されると紫微少弼《しびしょうひつ》（つまり仲麻呂直属）となった。橘奈良麻呂の乱では計画を仄聞して藤原豊成（仲麻呂の兄）に報告し、この密告によって三階級特進となった。淳仁天皇の即位後、官職名の唐風改易が行われ、大保《たいほう》（右大臣）・藤原仲麻呂（恵美押勝）らとともに改称の勅を得て公卿に名を連ねたが、病気を得て参議を解任された。

石川年足は蘇我氏系のため出世が遅れた（蘇我入鹿、蝦夷《えみし》横死のあと、蘇我氏を名乗れず石川姓とした）。しかし仲麻呂の又従兄弟にあたるので、阿倍内親王の即位に伴って従四位上、紫微中台が設置されると次官（紫微大弼《だいひつ》）に任ぜられ、いわば仲麻呂派の頭目のひとりとなった。だが、和歌に優れた石川年足は、歌人仲間として大伴家持とも親しく交際していた。事務能力も高く、「養老律令」の施行、その施行細則「別式」編集、官号（官職名）の唐風への改編に貢献した。「別式」には淳仁天皇が熱意を傾けたが、施行されないままに終わった。直後の光明皇后崩御と弓削道鏡の台頭があり、失意のなかで世を去った。享年七五。大伴家持が葬儀に駆けつけた。

大伴家持は歌人として名を残すが、本質は軍事担当の政治家である。大納言・大伴旅人の子で官位は従三位・中納言。三十六歌仙の一人で、小倉百人一首では中納言家持となっている。

藤原一族に嫌われ、地方に飛ばされることが多く、越中守（富山県高岡市伏木に国府があった）に。いったん帰京後、兵部少輔、大輔を経て孝謙朝で兵部省次官。橘奈良麻呂の乱のときは、越中国府に赴任中だった。その後、因幡守、薩摩守へ左遷されたが、光仁《こうにん》天皇の即位により、じつに二十一年ぶりに昇叙正五位下となる。桓武朝になって、氷上川継《ひがみのかわつぐ》（塩焼王の子）の乱への関与を疑われて解官された後、疑いが晴れて参議に復し、ようやくにして中納言に昇進した。最終官位は中納言従三位兼春宮大夫《とうぐうのだいぶ》兼陸奥按察使《みちのくのあぜち》兼鎮守府将軍である。陸奥滞在中に没した。

政治家としては不遇で、その分、和歌に情熱を傾けたのだろう。国民的歌謡「海行かば」

の「海行かば　水漬《みづ》く屍《かばね》　山行かば　草むす屍　大君《おおきみ》の辺《へ》にこそ死なめ　かえりみはせじ」の歌詞は大伴家持の長歌からとられている。

藤原仲麻呂の巧妙な人事ならびに中間派の取り組みは巧妙且つ計画的で、さらに神社界にも手を伸ばした。

大神《おおみわ》神社の神官に従五位下を授けて手なづけ、孝謙天皇にご進講していた背奈《せなの》王《こにきし》福信《ふくしん》(高句麗滅亡により王族だった背奈福徳が日本に亡命。孫の福信は高麗朝臣の姓を与えられた。この時代の帰化を「聖化」と言った)を仲間に加え、当時、東宮学士だった吉備真備《きびのまきび》を徹底的に冷遇した。この頃の真備は宮廷で孝謙天皇に仏教思想や古典『礼記』などの講義をしていた。孝謙天皇と距離を置いて近づけないようにしたうえで、仲麻呂は吉備真備を太宰府の筑前守に左遷するのだ。

しかし歴史とは皮肉なもので、後年、孝謙天皇は仲麻呂を嫌い、太宰府からもどした吉備真備を全面的に信頼して軍略を任せた。その結果、真備が仲麻呂を討ち取ることになろうとは、この時点では誰も想像出来なかっただろう。

潮目が変わった

長屋王の変、藤原広嗣の乱、藤原四兄弟の死によって、藤原仲麻呂にツキが廻ってきた。橘諸兄の庇護者だった元正皇太后がみまかると、阿倍内親王の即位に反対する勢力は少数派となった。内親王は即位して孝謙天皇となった。

そもそもクーデターとは命がけの政治行動であり、失敗したら死を覚悟するのは当然である。成功する必要絶対条件とは卓抜なオーガナイザー（組織者）がいて、最初に目的を明示し、戦略を立案してビッグピクチャーを明示できる戦略家が必要である。

そのうえで支持者をふやすためのプロパガンダを準備し、そして実際に行動に移せる軍事部隊、優れた兵器で武装した兵隊が必要だ。橘奈良麻呂には怨念と情念と復讐心がないまぜとなった感情だけが先にあり、彼自身は戦略家でも組織者でもなく、ましてやプロパガンダの用意もない。イデオローグが周辺にいない。大化の改新のブレーンとなった留学帰りの高僧・南淵請安《みなぶちのしょうあん》も中臣鎌足もいない。漫然と不満を抱く烏合《うごう》の衆があつまっただけで、具体的なクーデター計画の詰めが決定的に欠けていた。武器も準備せず軍事訓練をした形跡さえない。孝謙天皇を退け、皇太子だった大炊王（後の淳仁天皇）を廃するとして、ならば次に誰を代替皇太子とするかでまとまりがなかった。はじめから結束力に欠けていたのである。まさに「船頭多くして船山に登る」だ。

内偵を放ち、情報を早くから掌握していた藤原仲麻呂は、この不穏な空気を知っていた。天皇はことを穏便におさめる方針だったからクーデター計画の密告があっても信用しなかった。仲麻呂は、これをむしろ千載一遇のチャンスとして捉え、意志薄弱な人物を拷問して、計画をでっちあげ、政敵を一気呵成に壊滅させるという作戦に出た。仲麻呂の陰謀家としての面目躍如である。

聖武太上天皇の遺言は道祖王《ふなどおう》（天武天皇の孫・新田部親王の子）の立太子だった。だが道祖王は孝謙天皇の不興を買って立太子を廃され、孝謙天皇は群臣を集めて次の皇太子について意見を聞いた。藤原豊成（仲麻呂の兄）と藤原永手（藤原北家、参議・藤原房前の次男。官位は正一位・左大臣）は塩焼王を推挙し、大伴古麻呂らは池田王を推挙した。道祖王はその後、橘奈良麻呂の乱に連座し、拷問を受けて獄死する。

大伴古麻呂が推挙した池田王は天武天皇の孫で舎人親王の四男だが、孝謙天皇から孝と礼に欠けると批判され、弟の大炊王（のち淳仁天皇）が皇太子に冊立《さくりつ》された。池田王は橘奈良麻呂のクーデターに連座し、土佐に流された。塩焼王については後節でみる。

件《くだん》の会議で藤原仲麻呂は「臣下のことを一番よく知るのは君主です」と述べて天皇の意向に従いたいと言った。この台詞は孝謙天皇と事前に摺り合わせ、話を大炊王（淳仁天皇）に持って行くための通過儀式だった。

「宿曜秘術」とは何だったのか

天平十七年（七四五年）疫病のため三年間閉鎖していた太宰府を復活させた。九月に高市皇子の息子である鈴鹿王が逝った（孝謙・称徳天皇陵はこの鈴鹿王邸跡にある）。

聖武天皇は難波宮から平城京へ還幸された。病気がちのため翌年の朝賀を中止した。治癒を祈願し、受刑者にひろく恩赦を与えた。その後も天皇や皇后、皇太子が病に伏せると恩赦が行われた。死刑囚と乱の首謀者と贋金つくり等を除き、儀式や祭事の毎に大規模な恩赦が行われた。恩赦をする意味、そのタイミングの計り方を阿倍内親王が後年熟知していたのも、父の遣り方を傍らで見ていたからだ。

天平十八年（七四六年）四月、藤原仲麻呂は正四位上から従三位に昇格した。

この年、僧・玄昉が死んだ。彼は聖武天皇の寵愛をよいことに権勢をふるったが、藤原仲麻呂が権力を握った後は筑紫に左遷され、そこで亡くなった。

玄昉の出世の糸口は、「宿曜《すくよう》秘法」なる秘術を用いて皇太夫人・藤原宮子を治癒したことだった。それがいかなる秘術であったかを具体的に知ることは難しい。近代の解釈では占星術で、「星を七曜・九執・二十八宿に分かち、これらの星や星座を神の住所もしくは神自体であるとし、人界・天界一切の事象はこの宿曜に反映して、吉凶の相はこれにあらわれるから、その運行をみることに依って人界の運命も予定せられるものとする」（横田健一『人物叢書　道鏡』（吉川弘文館）。

通俗な解釈ではカップルが身体を重ねる日取りやタイミングを占う際に用いられる。元々はインドの占星術からきており、のちに道鏡が孝謙天皇を治癒し寵愛を得ることになるきっかけも宿曜秘法だった。聖武天皇の母親を治療した玄昉から教授されたのかも知れない。

古代で医術と言えば呪いと薬草くらいしかなく、レントゲンもＣＴスキャンもないから、整体秘術に頼るのが主流だったのだろう。まして孝謙上皇が道鏡の秘術を受けたのは四十四歳、当時の常識では生理的に更年期もなかば、老齢の一歩手前である。道鏡は六十代、二人とも性技に溺れる年齢ではない。

僧侶の修行は経典の暗記だけではなく、気功、呼吸法、古武術による整体などが含まれる。おそらく弓削道鏡は整体の技法を心得ていたのだろう。


天平二十年(七四八年)三月、藤原仲麻呂は正三位上に叙され、四月に元正太上天皇が崩御され、吉備真備は山稜造営司に任じられた。元正は火葬され佐保山に葬られた。

ここでも注意が必要だ。殯《もがり》の伝統を誇った天皇家が火葬にしたのは古墳の伝統を捨てたと同義である。初めて火葬された天皇は持統天皇で、持統自らが決断し、天武天皇陵に合葬された。以後、古墳は造成されず、天武・持統天皇合同陵は飛鳥の小高い丘に造成され、壕もない。

天平二十一年(七四九年)二月二十八日、行基が八十で死去。同月に陸奥から黄金の寄進があった。盧舎那仏を金で装飾することが可能となって聖武天皇はたいそう喜んだ。三年後の天平勝宝四年(七五二年)四月九日、ついに盧舎那仏が完成し、即位したばかりの孝謙天皇のもとで開眼供養が行われ、盛大な法会には僧一万人が動員された。これはいわば、当時の最高技術を披露した「古代の万博」でもあった。

その夜、孝謙天皇は藤原仲麻呂邸に入り、御在所とした。これをもって孝謙と仲麻呂の閨房関係をいう歴史家もいるが、その真偽はともかく、仲麻呂の権勢はここから本格化した。

思い出と出発の地は近江

ここで気になるのは『藤氏家伝《とうしかでん》』の記事の偏重ぶりなのである。

この書物は藤原仲麻呂が深く関与して編纂した藤原家略伝である。藤原南家の列伝とは言いながら、氏祖中臣鎌足を賞賛するのは当然としても鎌足の「長男」とされる定恵《じょうえ》に異様なページ数を割《さ》いている事実をどう解釈すべきか?

定恵が孝徳天皇の御落胤だったことは『日本書紀』はじめ多くの史書が示唆し、孝徳天皇が中臣鎌足を陣営に引き入れる目的もあった。鎌足は妊娠中だった孝徳天皇愛妃を押しつけられた。「男子であればそちの子とせよ」(大鏡)。

この御落胤、定恵は将来、皇太子候補のひとりゆえに暗殺を恐れ、十一歳の時に遣唐使に加えて長安に避難させた。このように考えると納得がいく。それでも帰国してすぐに暗殺され短い生涯を終えるが、仲麻呂は定恵に深い同情を寄せ、『藤氏家伝』のなかでも格別な扱いをしている。自らの青春時代の疎外感と重なるからである。

鎌足の「次男」とされた藤原不比等は天智天皇の御落胤である。少年期は史《ふひと》と名乗って都を離れ田舎で目立たぬように暮らした。この疎外感、孤独を経験した人生を仲麻呂は痛いほどに共鳴し『藤氏家伝』のなかで不比等をことさら手厚く記録させた。

藤原仲麻呂の「改革」の一つが労働条件の年齢格差解消だったとするのは木本好信『藤原仲麻呂』(ミネルヴァ書房)である。

正丁《せいてい》(二十一歳から六十以下の雑役)の年齢を下げた条文を、木本好信は『続日本紀』の原文にあたり、唐の玄宗皇帝の詔に酷似していると指摘した。

また各家に『孝経《こうきょう》』を置けとも命じているが、「やはりこれは玄宗の施策に拠ったものだった、前述の施策と同じように『唐大詔令周』には酷似した条文がみえている」(木本前掲書)とした。

『孝経』は、孔子と曾子《そうし》の儒教の概念「孝」についての問答である。『論語』に「曾子曰く、士は以て弘毅ならざるべからず。任重くして道遠し。仁以て己が任と為す」とある。『孝経』は秦始皇帝の死後、世に出た。親を愛する孝は徳の根本、「至徳」であるとし、天子から庶民までの行動原理だとした教えで、玄宗皇帝が感動のあまり自ら脚注をつけて普及させた。それゆえに唐の都では何処でも手に入れることが出来たので遣唐使が大量に持ち帰った。

仲麻呂の経済基盤は近江である。大納言、紫微中台司令となった後も近江守は手放さなかった。

父親の武智麻呂が近江守として赴任した経歴があり、若き日の仲麻呂はこの地で過ごし、淡海（琵琶湖）の景観に深く馴染み、四季の変化をよく知っているうえに詳しい土地勘があった。郷愁がつよい土地だった。

付近には、聖武天皇の発願により建立された石山寺《いしやまでら》がある。その名のとおり石（珪灰石）の山の上に建てられ、天智天皇の時代にはこの地は石切り場だったという。また、東大寺建立時には、建築用木材の集積地となり、琵琶湖南端から流れ出した瀬田川を経て淀川を下り、大和川を遡って奈良へ運ぶ水路として東大寺建立に貢献した。

平安時代になると石山寺には参詣客が押し寄せるようになった。『蜻蛉日記』の藤原道綱母《みちつなのはは》、『更級日記』の菅原孝標女《すがわらのたかすえのむすめ》、『源氏物語』の紫式部なども参詣がてら寺に逗留した。むろん仲麻呂の時代から二百年ほど後の話だが、現代のキャッチフレーズは「紫式部ゆかりの石山寺」である。

瀬田川を挟んで石山寺の対岸の丘陵に国府が造営された。近江国府は敷地が東西二町に及ぶ豪華な造営である。近江国府跡から出土した礎石、屋根瓦などから東郭、西郭があったことがわかっている。中心が政庁郭で、これは唐の都、長安の宮殿の真似だった。この地で仲麻呂は自ら扶植《ふしょく》した最低千人の兵を動員できたと想定される。蝦夷征伐のおり東北各地に設けられた城柵（砦）は国衛《こくが》（国司が赴任した政庁）と軍事基地を兼ね、蝦夷との戦闘が続いていたから、それぞれの柵の常備兵力は八百から千三百人とされる。

石山寺に近い伽藍山の西麓には、孝謙天皇が好み、淳仁天皇が遷都を考えた保良宮《ほらのみや》が拡がっていた。瀬田川の西に位置した保良宮は、道鏡が孝謙天皇を治療した別荘で、当初は離宮として仲麻呂が造営したが、途中から孝謙天皇がより大規模な副都を考え、北は近津尾《ちかつお》神社から南の礎石（へそ石）までの広域に及んだことも発掘の結果、判明した。仲麻呂の失脚により造営は中止され、廃都となったが、石山国分寺遺跡の周辺から築地塀《ついじへい》の跡や平城京と共通する天平宝字年間の瓦が出土し、近辺の住宅街の一隅に保良宮の礎石（へそ石）がいまも残っている。

JR石山駅から雇った運転手はやけに歴史に詳しかったが、石山一帯が保良宮だったことは知らなかった。

『続日本紀』には淳仁天皇が保良宮に行幸し長期滞在したおり、藤原御楯《みたて》邸と仲麻呂邸宅で豪勢な宴が開かれ「歓を極めた」と書かれている（天平宝字五年十月）。造営には近江ばかりか大和、泉から苦役が動員され、その労働者には免税措置が取られた。両人の私邸には池も造成された。廃都跡からの出土品や土地の規模から推量して、かなり大規模な宮殿都市が計画されていたことがわかる。

完成しなかった保良宮

現場を歩いてみた。

瀬田川の東側が国府である。瀬田川があるため地勢が悪い。この地政学の盲点を突いたのが後の吉備真備の軍略だった。藤原仲麻呂（恵美押勝）の乱の際、官軍を先行させて瀬田大橋を焼き落としたため宇治から北上した仲麻呂は自らの拠点だった近江国府に近づけなかった。仲麻呂の敗北はここで決定したとみて良いだろう。

「四十にして立つ」の格言通り、光明皇后の後ろ盾を得て、四十歳を境に仲麻呂の人生は変わった。陰湿で目立たない算術家が、日の当たる政治舞台の中央へ躍り出た。仲麻呂の野心は藤原四兄弟より大きく、その傲慢さは弓削道鏡も到底およばなかった。あまつさえ仲麻呂は唐風狂いだった。それがいちばんの問題だったのである。

『藤氏家伝』は四兄弟のなかで、武智麻呂だけを評価する。仲麻呂の父親であるばかりか、出世の糸口を与えてくれた恩人でもあるからだろう。

「武智麻呂公は、天子の徳性によって、身分の高い人も民衆もみな安泰で、鬼神も和み祟りをなすこともなく、天下太平のために尽力したのである。その忠義と貞節に対する評判はきわめて高く、その人徳は完全無欠な玉のようである」(ちくま学芸文庫『現代語訳 藤氏家伝』)

藤原不比等の長男・武智麻呂の子が、比類無き野心家であった藤原仲麻呂である。『藤氏家伝』は明らかに仲麻呂が編纂したのである。この『藤氏家伝』が唐の史書の文体から表現、語彙において強烈な影響を受けていることは多くの学者が指摘するところだ。

唐の政治制度と文化の熱狂的崇拝者だった藤原仲麻呂は政敵排除に熱心だった。この陰湿かつ謀略的なやり方もまた唐王朝の内部での暗闘に似ている。

仲麻呂が早くから吉備真備を嫌ったのは、自分が足元にも及ばないその教養と博学に嫉妬したからで、動物的・本能的な勘により優秀な人材を遠ざける意思がはたらいた。このとき真備は阿倍内親王（後の孝謙天皇）の侍講でもあり、大学寮では四百人の学生を相手に講義に追われる日々を送っていた。

遣唐使として万巻の書物や軍事、薬事の資料、武器関係の見本等を土産に帰国した吉備真備は従八位からいきなり従五位に異例の出世を遂げた。真備は吉備の出身だったため属閥政治の宮廷では、出自が卑しいというだけの理由で妬《うと》まれ、真備に対する不満が燻《くすぶ》った。

朝廷で重きをなしたので藤原一族が吉備真備を目の仇と意識するのも、彼らの強敵となる橘諸兄と真備が親しかったからだ。橘諸兄が吉備真備を高く買ったのは諸兄自身が文化に理解があり読書家だったゆえその教養に親しみを抱いたからでもある。文化的好奇心にあふれ教養を高めたいと望む知識人同士はつねに共鳴し合うものだ。

政権首班、右大臣となった橘諸兄は次第に頭角をあらわしてきた藤原仲麻呂と対立する。聖武天皇は長屋王の怨霊に苦しみ、合理性の希薄な遷都を繰り返す一方で、東大寺の大仏に象徴されるようにあちこちに仏閣建立を急ぎ、日本のまつりごとは、この聖武天皇の仏教への狂信的な帰依と遷都症候群を基軸に動いた。当時の宮廷人や豪族や知識人の思考体系には合理主義の精神はない。だからこそ仏教にのめり込み、僧侶と陰陽師たちが政治的な力を拡大し、発言力を持ったのだった。

天平宝字二年（七五八年）八月二十五日に淳仁天皇は藤原仲麻呂を右大臣に任命し、唐の周礼《しゅらい》制度にならって「大保《たいほう》」とした。それまでは右大臣、左大臣が天皇を補弼《ほひつ》し、ときに天皇に助言する太政大臣が任命された。「大保」とは右大臣の唐名で、やがて仲麻呂は太政大臣となって、この職名を「大師《たいし》」と改称した。太政大臣は「邦を経《おさ》め道を論じ、陰陽を燮理《しょうり》す」と唐の規定にあり、「その人なければすなわち欠けよ」（適任がなければ不在でよし）。

周王朝で「大保」とは帝の守り役、「大師」は国政参与。「大傅《たいふ》」は天子の師だった。日本とは位階の性格が異なる。

淳仁天皇は幼少時代から仲麻呂邸で起居し、帝王学を仲麻呂に授けられて仲麻呂の操り人形となった。仲麻呂に「恵美押勝《えみのおしかつ》」などとたいそうな姓名を与えたのも、淳仁天皇自らの発案ではない。仲麻呂本人の発案だろう。

孝謙天皇は当初、藤原仲麻呂に親しみ、信頼関係が厚かったことは見てきたが、淳仁天皇への譲位以後、仏教をめぐって意見が衝突し孝謙上皇は仲麻呂を毛嫌いするようになった。当然、仲麻呂の傀儡でしかない淳仁天皇との関係も次第に険悪となった。

天平宝字三年（七五九年）十一月に造宮輔《すけ》を派遣して保良宮の本格工事が始まったもののなかなか進捗せず、翌年八月に天皇は小治田宮《おわりだのみや》に行幸し、「新京」（保良宮）視察では寺院や神主を呼んで新銭を賜っている。

天平宝字五年（七六一年）正月になっても新宮は完成せず、朝賀を取りやめ、粟田奈勢《あわたのなせ》麻呂《まろ》らを新宮へ派遣し諸司の宅地分配などを差配させた。同年十月に新都がほぼ整い、天皇は平城京改修工事のために保良宮へ移った。

しかし翌天平宝字六年になっても完全な落成に到らず、またも朝賀を見送った。

二月に淳仁天皇は仲麻呂に破格とも言える正一位を贈った。生前の正一位叙位は日本史にほとんど例がなく、多くは死後の追号である。

三月に保良宮も池と四阿《あずまや》が出来たので曲水《きょくすい》の宴を催した。諸殿と築地塀がほどなく完成を見た。

五月、孝謙上皇と淳仁天皇の間に鮮明な亀裂が生じ、孝謙上皇は平城京へさっさと引き上げた。淳仁天皇が道鏡との仲を孝謙上皇に諫言したからだ。

同時期に藤原仲麻呂が遣唐使船四隻を安芸で建造させ、兵器の製作と蓄えが進んでいたが、巷では贋金つくりが横行していた。全国的規模で飢饉と疫病が発生していた。仲麻呂が鋳造し普及を狙った新銭の貨幣政策は失敗した。

渤海使来日という外交上の大事件

日本から隋に使節を送ったのが遣隋使、王朝が唐に引き継がれると、遣唐使となる。戦後教科書が重要視し、あたかも日本が唐の家来だったような記述が目立つのは自虐史観の表れだろう。

ところが見知らぬ国・渤海《ぼっかい》から突如、朝貢使節が日本を訪れた。これは外交史上の大事件である。

新興の渤海国から最初に使者が訪れたのは神亀四年（七二七年）のことで、この年には新羅《しらぎ》と渤海から交互に使節団が来日して半島情勢が切迫していることがわかった。藤原仲麻呂に新羅征伐の構想が初めて生まれる。渤海をパワーバランスとして政治的に利用できると踏んだのである。

白村江で日本軍が海戦に敗れたため、百済からの亡命者多数を阿倍比羅夫《あべのひらふ》ら後衛部隊の船団が収容して帰還した。天智天皇は新羅が攻めてくるという妄想に取り憑かれ、太宰府に最新鋭の防衛砦の水城《みずき》を、北九州から吉備には鬼ケ城と呼ばれる山城を、また難波の高安城を改築強化し、近江に遷都して万全の防衛体制を敷いた。築城された城は二十二カ所。西日本は普請に明け暮れた。新羅は新羅で、日本が攻めてくると思い、たびたび朝貢を装った偵察使節を大和朝廷に送り込んできていた。

対立する新羅の沖を避けて出羽に漂着した慕施蒙ら渤海使一行は、太宰府へ回航したのか、敦賀あたりから京へ上り、贈り物を献上して次のように奏上した。

「渤海王は日本の神聖なる天皇の朝廷に申し上げます。王は天皇よりなすべきことのご命令を賜らなくなってすでに十余年。このため慕施蒙ら七十五人を遣わし、国からの贈り物を持たせ朝廷に献上申し上げます」

文面からは明らかに朝貢であることが見てとれる。朝堂で饗応し位階を授け、文書をもたせた。その文書には次のように注意を喚起している。

「天皇は敬《つつし》んで渤海王に尋ねる。朕は徳は薄いが、謹んで天子の地位をお受けし、人民を育て養い、隅々までを照らして治めている。王は海外の僻地に住し、遠い日本に使いを派遣し入朝させられた。王の真心はあきらかである。しかし書状をみると、〈渤海の〉王は臣と称していない。古い高麗《こうらい》の記録に拠れば、渤海が国を平定した日の上奏文では、次のように言っている。『日本と渤海は血族なら兄弟、義の上では君臣の関係にあります。時には援兵をお願いしたり、或いは天皇のご即位をお祝いしたりしています。朝廷に参上する不変の儀式をととのえ、忠誠の真心を顕します』と」

文中の高麗は、渤海国の前身（高句麗）を指す。大和朝廷は渤海を高麗と呼ぶことが多かった。

藤原仲麻呂は自邸に慕施蒙らを招待し大宴会を開いて歓待した。帰国に際しては多くの土産を持たせた。地政学的に当時の国際情勢を見渡せば、新羅の軍事的な威圧、脅威を抱える日本にとって、新羅の北にどっかと構え、唐とも隣接して軍事的要衝にある渤海は、外交儀礼上だけではなく、軍事的均衡からも重視すべき存在だった。新羅の北、大同江を挟んで、広大な渤海国が建国されたことによって、地政学が大きく変わったのだ。

渤海国の版図は西が瀋陽《しんよう》の手前、北は哈爾浜《ハルビン》を越えハバロフスクの手前まで、北東は現在の黒竜江省の一部と吉林省の大半を治め、首都を敦化《とんか》（東牟山）に置いた。港は現在の図們江《ともんこう》から琿春（二番目の首都で『東京』と呼んだ）あたりにあった。

渤海「建国の父」とされる大祚栄《だいそえい》が「振国王」を名乗り、則天武后は「振国公」に冊封した。七一三年、玄宗皇帝は「震国群王」と冊封した。七六二年になって唐は大欽茂《だいきんも》に「渤海国王」の名を与えた。唐は渤海を新羅と同等に処遇した。

聖武天皇の御代、神亀四年（七二七年）に渤海使が出羽に来着し、翌年には虎皮、貂《てん》皮三百枚など夥しい貢ぎ物を持参して日本に朝貢し始めた。

渤海国の意図は単純明快。唐と新羅へのバランス感覚から日本と同盟しておく地政学的必要性があったからだ。使節船団は新羅沖をさけるため佐渡、出羽、越前、能登、加賀に向かう日本海ルートを開拓した。七三一年から渤海と唐と新羅の間で小競り合い、軍事衝突が繰り返されていた。

「日本と渤海の接近は、新羅と日本の関係を悪化させた。天平七年（七三五年）に入京した新羅使が国号を王城国と称したため帰国させられて以後、新羅使は殆どが入京せず、太宰府から帰国する」（佐藤信・編『古代史講義（海外交流篇）』ちくま新書）

日本側の資料では新羅使があまりの非礼のため追い返したとしている。

天平十八年（七四六年）の渤海使節団はじつに一千百名だった。孝謙天皇と淳仁天皇期に四回の来航があり、返礼のため日本も遣渤海使をたてるようになった。

天平宝字二年（七五八年）九月十八日に渤海使の小野田守《おののたもり》らが帰朝し、渤海大使・輔国大将軍・行木底州《ぎょうもくていしゅう》の刺使《しし》（シナの官職名、監察官、州の長官）・揚承慶《ようしょうけい》ら二十三名を随行した。日本海側に帰着したので、越前で疫病感染の検査のため二カ月を過ごす。淳仁天皇は小野田守に従五位上を授け、他の随行員六十六人にも位階を授けた。

同年十二月十日、すなわち帰国から七十日後に、小野田守は唐における安禄山《あんろくざん》の謀反を伝えた。安禄山の挙兵は七五五年のことだから、なんと三年間、大和朝廷は唐の政変を知らなかったのである。

小野田守は次のように上奏した。

天平勝宝七年（七五五年）の十一月九日に御史太夫《ぎょしたいふ》（国政参与）兼范陽節度使《はんようせつどし》（十の軍区の各軍団統率者）の安禄山が蹶起し、自らを大燕聖武《だいえんせいぶ》皇帝と名乗り、邸宅を潜龍宮《せんりゅう》と名付けた上、年号を聖武と改元した。安禄山は二十万の兵力を率いて忽ち洛陽を落とし、玄宗《げんそう》皇帝は蜀の成都（現在の四川省）へ避難した。安禄山の後方攪乱のため、渤海に騎兵四万をもって賊徒を平定されたしとの援軍要請があったが、渤海王は派兵を見送った。この争乱は途中から安禄山と同じソグド人の史思明《ししめい》が反乱に加わったため「安史の乱」とも言う。阿部仲麻呂（唐名は朝衡《ちょうこう》）が玄宗皇帝の側近として重用されていたのは有名な話だ。

玄宗皇帝の反撃準備が整い、ようやく官軍が乱を平定し、玄宗は長安に戻った。逃亡中、随行した兵隊たちに不穏の空気が流れたため玄宗は愛妃楊貴妃《ようきひ》の自裁を認めざるを得ず、長安に復帰しても嘗ての力は失われていた。

上奏した小野田守も、安禄山が部下に殺害されたという情報をまだ知らなかった。渤海側もその後の情報を隠匿したわけではなく長安に派遣した情報員が戻らず実情をつかめずにいた。

唐土の異変を知った淳仁天皇は太宰府に対して「安禄山は凶暴なる胡人（ソグド人だが、当時は「胡」と称した）、狡猾な男である。天命に背いて反逆を起こしたが、ことは必ず失敗するであろう。かえって海東へ兵を進めるかもしれない。よろしくこの度の情勢を理解して、たとえ安禄山が来寇せずとも準備は怠ることのないようにせよ」と勅した。

怡土城《いとじょう》を築城中だった吉備真備は工事にいっそう力を入れ、京では渤海使歓待の宴が続いた。

このとき大和朝廷を支配していた空気は、唐が衰退したいま、渤海と協力して新羅を南北から挟み撃ちに出来ないか、今こそチャンスではないかということだった。

翌年正月三十日、遣唐使として唐に渡ったままの藤原清河《きよかわ》を帰国させるため、迎入唐大使使《げいにっとうたいしし》（入唐大使を迎える使者）の派遣が決まり、翌月、渤海使を送りがてら長安に送り出した。

安禄山と新羅侵攻に対する備えを命じられた太宰府では大きな問題を抱えていた。第一に使える船がほとんどない。第二に防人の停止によって兵隊が足りない。第三に民が疲弊し、労役の減免がなければ立ち行かないことであった。

しかし、朝廷には人材も財力も乏しかった。蝦夷の反乱が奥羽に拡がって軍事力は蝦夷対策に割かれていた。さらに、納税物資を平城京へ運んだ人々が郷里に帰ること叶わず、飢えと寒さでどん底に陥り、病んで路傍で斃《たお》れる者が相次いで、ボランティアの炊き出し部隊と難民救済キャンプが必要なありさまだった。

それもこれも国司に任命されると赴任地で汚職を重ねて蓄財し、地方のまつりごとは乱れに乱れ、三年ごとの巡察使も現地で饗応されて、まともな報告が朝廷に届かないことが問題だった。

その一方で、藤原仲麻呂は、これこそ新羅を討つチャンスとばかり、五百艘の軍船団建造を命じた。

渤海使は九二九年（渤海滅亡から三年後）までの二百年間に、じつに三十六回に及び、また日本からの遣渤海使は初回使節来日の翌年（七二八年）から八一〇年まで十三回に及んだ。遣唐使は八九四年、菅原道真の提言で廃止されるが、それ以来、渤海との関係も急速に冷えていった。唐は九〇七年に、渤海は九二六年に滅亡した。

渤海を軍事均衡の梃子として新羅を討つという地政学的発想は藤原仲麻呂とその周辺しか思いつかない戦略思考だった。

吉備真備の帰国

天平勝宝六年（七五四年）一月、吉備真備が二回目の遣唐使の役を終えて帰国した。副使だった大伴古麻呂は別船で唐の高僧・鑑真を伴って帰国したが、三月になっても大使の藤原清河と阿部仲麻呂が乗った船は帰らなかった。彼らはベトナムへ流され、ついには帰国が叶わず唐土に没した。

この頃、聖武上皇と皇太后は隠居、療養生活を送っていた。まつりごとに未熟、政略に経験の浅い孝謙天皇にとって、両親が心の支えだった。その父母がみまかり、橘諸兄が辞任し、頼るべき吉備真備は遠方にある。結局は藤原仲麻呂と過ごす時間が長くなった。

ここで思い出すべきは若き精神人格形成期の彼女に礼記や漢書の個人教授をしていたのが吉備真備だった事実である。だからこそ信頼し、頼りにしていた真備を天皇から遠ざけたのが藤原仲麻呂であった。臣下の人事に介入するほどの政治力は孝謙天皇にはまだなかった。

吉備真備は二度目の遣唐使から帰国後も中央政界に戻ることは許されず、正四位下・太《だ》宰大弐《ざいのだいに》に叙任され、太宰府に下向した。真備の任務は安禄山や新羅侵攻に備えた怡土城の築城だった。これは福岡県の福岡市と糸島市の境にある高祖山（標高四百十六メートル）の西斜面に築かれた中国式山城である。唐で学んだ真備の築城技術を生かし、天平勝宝八年（七五六年）から十二年かけて完成するが、それに先立つ天平宝字八年（七六四年）、吉備真備は造東大寺長官に任官されて帰京する。藤原仲麻呂（恵美押勝）の乱が起こる八カ月前である。結局、仲麻呂が吉備真備に怡土城築城を命じたのは、真備を大宰府に釘付けにするためだったのだ。

この頃、各地で洪水、地滑り、津波などの天災が相次ぎ、疫病に加えて飢饉も発生して世の中の秩序が乱れ、庶民から貴族に到るまで賭け事に溺れるようになった。孝謙天皇は巡察使を各地に派遣するかたわら、賭け事を禁止し罰則を強化した。禁酒も命じた。

弓削道鏡の登場

弓削道鏡《ゆげのどうきょう》は、なぜこの時期に忽然と孝謙天皇の前に現れ、しかも急激に天皇から重宝されるに到ったか。

その謎は次の『続日本紀』の孝謙天皇の詞に隠されていた。

「朕は父（聖武太上天皇）の喪にあってから、心の苦しみは荼《と》（にが薬）の毒によるよりも深い。太上天皇の棺《ひつぎ》の車はだんだん遠ざかり、叫んでお慕いしてもおいつくことができない。あらゆる痛みが心に纏わり、限りない哀しみは骨を貫くほどである。恒《つね》に先帝の徳に報いようと思い、日夜やむこともない」（講談社学術文庫『続日本紀』、宇治谷孟訳）

この「荼の毒」とは茶葉が処方次第で毒に変質したことを指す。

当時の孝謙天皇の心境を勘案すると、徳の高い仏僧の崇高な読経をひたすら願っていたのだろう。翌年の天平宝字元年（七五七年）も朝賀儀式を行わず、ひたすら高僧から仏教の講義に耳を傾けつづけた。正月六日、頼みとしてきた橘諸兄も薨《こお》じた。

道鏡が登場する環境がととのった。

孝謙天皇は不安定な心理状態にあって仏教思想をわかりやすく説いてくれる僧を待っていた。ちょうどそのタイミングで、道鏡が現れたのである。

孝謙天皇には自分はあくまで中継ぎであるとの自覚があるから、素行の乱れを理由に皇太子・道祖王を廃し、代わりの後継者を誰にするか、藤原豊成、藤原永手、文室珍努《ふんやのちぬ》、大伴子麻呂に協議させた。

結局、大炊王（淳仁天皇）に落ち着いたのは仲麻呂の巧みな誘導だった経過はすでに見た。道祖王が退けられたのは「御陵の土もまだ乾かない中にひそかに侍童と姦淫して先帝に対する恭敬の念がなかった」とされた。同性愛者だったか？　あるいは情報操作の感、なきにしもあらずといったところか。

第四章

孝謙天皇と仲麻呂の時代

藤原仲麻呂が目指したものは何か

孝謙天皇と藤原仲麻呂のふたりには濃密ともいえる蜜月時代があった。

そのあと孝謙天皇は淳仁に譲位したが、孝謙が目指した理想とはほど遠い仲麻呂の独走に違和感を抱き、ぷつんと心が離れた。精神の空洞状態とでも言おうか、このタイミングで治療にやってきた道鏡が俄然、主役の仲間入りをし、孝謙上皇と密接な関係になるのである。

後世の評価では道鏡が皇位をねらって枕を共にし、孝謙天皇はまつりごとそっちのけだったと面白おかしくねじ曲げられた。十三世紀、鎌倉時代の説話集『古事談』が初出のゴシップだったが、以後、北畠親房の『神皇正統記』や頼山陽の『日本政記』などもふたりの閨房関係を批判し、明治維新後はあたかも真実のように塗り固められた。

孝謙天皇の筆跡が唐招提寺の扁額に残っている。

渡海してきた鑑真《がんじん》を大和朝廷は暖かく迎え入れ、天皇ばかりか多くの皇族貴族が鑑真から受戒を受けた。鑑真は唐招提寺を建立して晩年をそこで暮らし、やがて入滅した。その唐招提寺の扁額《へんがく》を孝謙天皇が揮毫《きごう》した。大胆にして雄渾《ゆうこん》な筆致で、当時の女性とは思えない強い個性、独特な頑固さが筆の勢いに見てとれる。

道鏡の筆跡は東大寺正倉院に残る。

図書の貸し出し記録から当時道鏡がどんな読書傾向を持っていたかが判る貴重な資料だが、その筆跡は生真面目で誠実な筆運び、放縦さも大胆さも感じられない優等生の筆致である。

仲麻呂の筆跡らしきものは、残された書状に見えるが、こちらは意固地な性格がへたくそな字に滲んでいる。後世、筆聖と言われた藤原行成《ゆきなり》や藤原道長のような優雅さはない。

大仏開眼は阿倍内親王が孝謙天皇として即位した直後のこと。陸奥に黄金が産出したと聞いて大伴家持は、すなおにこう詠んだ。

すめろぎの　御代栄えむと　東《あずま》なる
陸奥《みちのく》山に　黄金《くがね》花咲く

大仏開眼のおり、三十二歳で即位した孝謙天皇の両親（聖武上皇、光明皇太后）は健在だった。この期間は多くのブレーン、女御《にょうご》らに支えられ、聖武天皇が目指した「鎮護国家」、「崇仏天皇」を彼女も目標としていた。

聖武天皇崩御以後、政治の実権は光明皇太后が握り、その庇護の下、甥《おい》の藤原仲麻呂が急台頭した。その流れを孝謙天皇はむしろ自然なものと見ていた。したがって大仏開眼儀式を終えた日、孝謙天皇は田村第《たむらてい》（仲麻呂の邸宅）に移り、御座所とした。

「三十五歳の独身の女帝が、ときに四十七歳の仲麻呂の私邸に行幸したことについて、二人の間に何か特殊な関係があったようにも推測されているが、所詮確かめようはない」（岸俊男『人物叢書　藤原仲麻呂』、吉川弘文館）

そもそも孝謙天皇は中継ぎの性格を帯びた暫定政権というのが当時の常識だった。実権は、前期は聖武上皇と光明皇太后にあり、中期は仲麻呂と淳仁天皇の権勢が強大となって政治的庇護者である橘諸兄と藤原豊成の力が衰え、心労が重なって保良宮で療養するほどだった。だから、道鏡の登場はまさしく地獄で仏に会ったようなものだった。天皇は心身共に健康を回復した。研鑽してきた仏教への思いが道鏡に会って蘇《よみがえ》ったのだ。

孝謙女帝の側近のなかでも弓削道鏡と吉備真備は特筆すべき存在である。前段に聖武天皇・光明皇后がのめり込んだ仏教政治があり、後段には称徳天皇崩御後に光仁天皇を取り囲む藤原永手、藤原百川《ももかわ》らの摂関政治時代への幕を開く貴族官僚の政治がある。まれにみる女帝と稀有な独裁者の時代の幕切れが「藤原仲麻呂（恵美押勝）の乱」（七六四年）だった。

天平勝宝八歳（七五六年）七月八日の日付のある木簡に次の位階が書かれている。乱の八年前である。

従二位大納言兼紫微令《しびれい》中衛大将近江守藤原朝臣《あそん》仲麻呂

大納言は太政大臣、左大臣、右大臣に次ぐ位。当時、太政大臣は不在だったから藤原仲麻呂の上は左右両大臣だけ。仲麻呂は橘諸兄政権のナンバー・スリーに上り詰めていた。紫微令は王宮を守る近衛部隊の長、そして藤原仲麻呂の富の源泉は近江守を兼務していたことだった。その力の源をこの木簡の文字が明示している。

それ以前の太政大臣は藤原不比等への追号であり、生前に太政大臣を拝命したのは聖武天皇崩御のあと、藤原仲麻呂と道鏡のふたりしかいない。二百年後には摂関政治によって実権を掌握し、「我が世」を謳った藤原道長とて太政大臣就任を二回断っている。太政大臣とは「天皇の師」を意味するからだ。

孝謙天皇の関心は仏教の政治思想に移行する。崇高な仏教哲学を縦横無尽に説く道鏡を尊敬し始める。仲麻呂への情熱は急速に冷めていった。

遣唐使が持ち帰った夥しい経典は深遠な哲学を含むとはいえ、その基本は現世利益の追求であり、天然自然を尊び、布教をしない神道は、仏教の前に色褪せていった。富と権力のモニュメントだった古墳の造営が突如廃《すた》れた。為政者にとっては、仏教を統治に利用しない手はない。

道鏡の説く仏教による政治理念と摂理に孝謙天皇は深く感動した。

現代日本の歴史教科書は、独裁者の蘇我蝦夷《えみし》・入鹿《いるか》父子を討った大化元年（六四五年）の「大化改新」を、単に「乙巳の変」としている。歴史の局部的な矮小化である。古代国家が律令制度を確立したのはそれから半世紀後のことだから「乙巳の変」は改革の先鞭をつけたクーデターという意味では正しい。半世紀の試行錯誤の後、公地公民が制度化され、近江令、飛鳥浄御原令《あすかきよみはらりょう》、大宝律令と徐々に律令が整備され、大化改新の政治目標は達成された。律令によって統治する中央集権国家が確立したのだ。歴史家はもっと流れを巨視的に見直すべきである。

　戦後の日本史教科書は「国史」という呼称を「日本史」と呼び代え、藤原仲麻呂をまったくと言って良いほどに論じない。悪政に走った独裁者を斃《たお》したという文脈では、藤原仲麻呂の乱の鎮圧は大化改新と政変のスタイルが共通する。しかし藤原仲麻呂の乱の性格は皇位簒奪ではなく廃帝にあった。

　孝謙天皇は仲麻呂の巧みな話術と段取りに嵌《は》まって大炊王《おおいおう》（淳仁天皇）に譲位したが、上皇であるからには、両親がそうであったように、実権は自分にあるのだと考えていた。ところが譲位後の淳仁天皇は、孝謙上皇に相談もなく崇仏路線をないがしろにした。孝謙上皇の不満は募る一方だった。そこに道鏡が介入して上皇と天皇の対立は熾烈になり、取り巻きは右顧左眄《うこさべん》、宮廷内は右往左往した。

　仏教の政治的位置づけ、聖武天皇以来の鎮護国家として「崇仏君主」という日本の新しい政治制度をめざす孝謙・道鏡側と、唐の制度に固執する仲麻呂との対立、すなわち唐風派と国風派の対立が基底にあった。

道鏡との仲を疑われて孝謙女帝は剃髪し出家した。しかも保良宮をあとにして法華寺(元の藤原不比等邸)で出家したのである。身の潔白を内外に示す意味が含まれた。

「出家理由を語る宣命から、むしろ道鏡と男女関係がないのにもかかわらず、誹謗中傷されたことに対する孝謙の悔しさが滲みでているようにみえる。出家して尼となることによって、邪淫の憶測を排除したとも考えられる。孝謙は出家以前に鑑真から菩薩戒《ぼさつかい》を受けており、俗人ながら菩薩弟子としての自覚を持っていた」(勝浦令子『孝謙・称徳天皇』、ミネルヴァ書房)

しかも「出家しても政を行うに豈憚《あにはばか》らず」と宣言したのだから、これは武器を伴わないクーデターである。淳仁天皇およびその背後にいる藤原仲麻呂との対立は次第にエスカレートするのは必定だった。どろどろした権力闘争が続き、やがて抜き差しならない武力衝突へといたる。

自宅で養育してきた大炊王を淳仁天皇として即位させ、まつりごとを自由に動かし、世の中なんとでもなると過信していた藤原仲麻呂は突如、追い詰められたことを自覚して慄然となる。

自分が政敵に包囲され、「四面楚歌」におちいったことを知った仲麻呂は印璽《いんじ》（鈴印）を盗もうと試み、塩焼王を臨時天皇に祭り上げて反乱を起こす。紫微中台を差配して部下を扶植してきたのだからその軍事力、機動力に自信があった。緒戦では勢いがあった。ところが、吉備真備の卓抜な軍略を前に野望は潰え、真っ逆さまに地獄へ落ちた。

なぜそうなったか。

唐風が朝廷で猖獗《しょうけつ》を極めた

孝謙天皇の時代、事実上まつりごとを仕切っていたのは前期が橘諸兄、後半が藤原仲麻呂だった。

彼らの政治とは何だったのか。

仲麻呂は唐の政治制度に染まって日本の官位を改称した。改悪第一号である。

一覧すると、政府、行政では次の通りだ。

紫微中台　→　坤宮官《こんぐうかん》

中務省　↓　信部省
式部省　↓　文部省《ぶんぶ》
治部省　↓　礼部省
民部省　↓　仁部省
兵部省　↓　武部省
刑部省　↓　義部省
大蔵省　↓　節部省
宮内省　↓　智部省
図書寮　↓　内史局
陰陽寮　↓　大史局
弾正台　↓　糾政台
衛士府　↓　勇士衛
衛門府　↓　司門衛
兵衛府　↓　虎賁衛《こほんえい》
中衛府　↓　鎮国衛

紫微中台は勅を奉じ諸司に頒布する役目で天から委ねられて万物を育成するから乾坤宮官がふさわしく、中務省は勅伝達に信用を伴うから信部、式部は文官の考課と禄を決めるから文部等々、総てが唐風に変わった。本居宣長風に言えば、「やまとごころ」より「からごころ」が優先したのだ。

官職となると、

太政大臣　→　大師（シナでは国政参与）
左大臣　→　大傅《だいふ》（同、天子の師）
右大臣　→　大保（同、天子の守役《もり》）
大納言　→　御史大夫
大将　→　大尉
少将　→　驍騎《ぎょうき》将軍
員外少将　→　次将
左右京職大夫　→　左右京兆尹《きょうちょういん》

左京職《さきょうしき》と右京職《うきょう》を統合し、「左右京兆」の長官として「尹」を置いた。大師、大傅、大保は「周礼」の制度からとった。

以下も唐風になった。

君主と祖先への尊号奉献は唐の皇帝玄宗の施策に倣った。たとえば聖武天皇には「勝宝《しょうほう》感神《かんじん》聖武皇帝」(諡《おくりな》が天爾国押開豊桜彦天皇《あめしるしくにおしはらきとよさくらひこすめらみこと》、孝謙上皇は「宝字称徳孝謙皇帝」となり、淳仁天皇の父、舎人《とねり》親王にも唐風諡号《しごう》の「崇道尽敬《すどうじんきょう》皇帝」と追尊、母の当麻山背《たいまのやましろ》に「大夫人」の号を追贈し、祖父にあたる藤原不比等は淡海公《たんかいこう》とした。

唐風解釈にしたがい「正しい思慮と決断は舜《しゅん》帝が賢人を発掘し、愛が深いのは堯《ぎょう》帝が黄河の渚で逸材を見いだしたこと」と似ているなどとしている。統治の良さは周の成王や康王に匹敵するなど、三皇五帝(シナ古代の伝説上の帝王八人)を比喩に用いる始末だった。舜も堯も伝説上の皇帝である。日本の伝統は民主合議制であり、天皇を「皇帝」と呼びかえ、その独裁制を持ち出すとは、まるで唐の植民地である。

甚だしいのが漢学者の淡海三船《おうみのみふね》と諮《はか》って歴代天皇の諱《いみな》を唐風としたことだ。カムヤマトイワレビコを「神武天皇」とし、ハツクニシラスミマキイリビコイニエは「崇神天皇」に諡《おくりな》された。弘文天皇（大友皇子）と今上天皇である淳仁を除く第四十八代までの天皇の名を漢風にしたことは、大和言葉を外国語に言い換えたわけだから、いわば文化大革命であった。換言すれば歴史を無視した伝統破壊である。今日、神武天皇がカムヤマトイワレビコだったことを多くの日本人は知らない。

淡海三船は文人政治家で弘文天皇の曽孫にあたるが、臣籍降下し淡海真人《おうみのまひと》姓を賜った。式部少丞《しきぶのしょうじょう》・内豎《ないじゅ》を歴任するも、天平勝宝八年（七五六年）に朝廷を誹謗したとして衛士府に禁固されたこともある。人生に乱高下の振幅があり、毀誉褒貶《きよほうへん》の激しい人物である。淳仁朝では尾張介・山陰道巡察使、従五位下となって駿河守。藤原仲麻呂の乱のときは美作守《みまさかのかみ》に任ぜられていた。たまたま造池使として近江国勢多（瀬田）にいたので、仲麻呂の使者とその一味を捕縛する等の功績をあげ、三階級昇進して正五位上。勲三等の叙勲を受け、近江介に任ぜられた。

称徳重祚《ちょうそ》以後は兵部大輔・侍従を歴任し、天平神護二年（七六六年）に東山道巡察使に任じられた。ところが、『続日本紀』にも記録されたほど監査態度の評判が悪く、巡察使を解任され、大宰少弐に飛ばされた。しかし転んでもただでは起きないたくましさが淡海三船にはあって、光仁朝に刑部大輔と京官に復し、のち大学頭・文章博士などを歴任した。

最終官位は刑部卿従四位下兼因幡守《いなばのかみ》だった。

あれほど藤原仲麻呂に取り入って出世してきたのに、いざ仲麻呂が反乱を起こしたと知るや、ころりと反仲麻呂に寝返った淡海三船の処世術からは、仲麻呂の時代が終わりを迎えていたことがうかがえる。当時の政界の空気は仲麻呂への不満が満ちあふれており、近江という仲麻呂の地元でさえ評判が芳しくないことを三船は肌で感じていた。独裁権力者は四面楚歌、「ふりむけば女帝の軍旗」だった。

仲麻呂の唐風化は年号にも及んだ。

天平以後の七四九年から七七〇年まで四字年号（天平感宝・天平勝宝・天平宝字・天平神護・神護景雲）が続いた。これは唐の則天武后《そくてんぶこう》が四字年号（天冊万歳《てんさつばんざい》・万歳登封《とうふう》・万歳通天《つうてん》）を使用した先例を真似たものだ。

元号は「大化」から現代の「令和」まで、およそ千四百年間に二百四十八回の改元があった。しかし四字の改元は仲麻呂が唐にかぶれた時代だけである。浪漫の香りがする「天平」（七二九〜七四九年）は『礼記』の「国治亦後、天下平也」などが出典である。

「天平感宝」（七四九年）は陸奥に黄金が出て感激したあまりの命名。「天平勝宝」（七四九〜

七五七）は孝謙時代で出典不明。「天平宝字」（七五七〜七六五年）は養蚕の成功によるとされるがシナ古典には見当たらない。「天平神護」（七六五〜七六七年）は称徳のブレーンが提案したらしい。「神護景雲」（七六七〜七七〇年）は『晋書』にある「慶雲、泰平之応」や王貞の詩の「鳳鳴朝陽、龍翔景雲」からの引用である（森鷗外『元号通覧』講談社学術文庫。一九ページ）。

天平勝宝七、八、九年は「年」ではなく「歳」とした。唐の玄宗皇帝が七四四年に「天宝三歳」と改めたと帰国した遣唐使から報告があったからである。

さらに藤原仲麻呂は通貨発行を思いつき、その発行益で国力を富ませた天武天皇の通貨鋳造の再現を試みた。仲麻呂は開基勝宝（金貨）・大平元宝（銀銭）・万年通宝（銅銭）の三つのコインを鋳造し、和同開珎《わどうかいちん》との交換比率を各々千倍・百倍・十倍の価値を付与した。これも唐に倣った（唐は乾元重宝・重輪乾元に銭改鋳を行っていた）。

天平宝字四年（七六〇年）三月十六日、淳仁天皇の勅にこうある。

「銭を流通・使用させてからすでに久しい。公私にわたって必要かつ便利なことこれ以上のものはない。しかしながらこの頃偽造が多くなり、贋金が全体の半分にも及んでいる。急に禁断すれば混乱がおこる恐れがある。そこで新しい様式のものを作り、旧銭とともに併用させたい。民に損がなく国に益があるように願うのである。その新銭の文字は『万年《まんねん》通宝《つうほう》』とし、一枚で旧銭（和同開珎）の十枚に相当させる。また銀銭の文字は『太平元宝』とし、一枚で新銭《(ママ)》（旧銭）の十枚に相当させる。金銭の文字は『開基勝宝《かいきしょうほう》』とし一枚で銀銭の十枚と相当させる」（講談社学術文庫版『続日本記（中）』に二七ページ）

これは経済が理解できない官僚が贋金防止策として思いつき、仲麻呂が欲に駆られて同意した通貨発行益獲得計画だが、みごとに失敗した。

『続日本紀』の天平宝字八年九月十八日の条によれば嘗て仲麻呂の功績は「宇宙を覆うほど」として正一位を綬し、「銭貨の私的な鋳造や、私出挙《しすいこ》すること、および「恵美」という家印を用いることを許された」ほどだった。ちなみに私出挙とは私財を他に貸し与え、利息を取ることである。すなわち藤原仲麻呂の政府私物化ぶりが見えるようだ。新銭の発行で仲麻呂が意図したのは財産十倍計画だった。

現代用語でいうところのポンジスキーム（ネズミ講）に近い。失敗は当然だったと言えるだろう。

新羅出兵準備の失敗が命取りに

結果的に藤原仲麻呂の「大」が付く失敗は新羅出兵準備である。

四百艘の船団を三年かけて構築し、武器を蓄え、兵を養ったので国力が著しく衰えた。

当時の国際情勢から見ると、大和朝廷の新羅出兵は唐の衰退を遅らせる副作用を伴い、渤海が漁夫の利を得ることになる。すでに一世紀前に百済を失い、任那府を新羅に取られている。地政学的に緩衝地帯の獲得を目的としたことはわかるが、戦争が国益に繋がり経済が繁栄する理由が見つからない（出兵寸前の疫病流行により中止となったが……）。

藤原仲麻呂の例外的な功績は正史編纂事業である。

『日本書紀』の続編ともいうべき『続日本紀』の編纂が開始された。『藤氏家伝』も中味は問題だらけとはいえ重要な資料である。これも仲麻呂が編集に密接に絡んでいる。

天平宝字八年（七六四年）の仲麻呂の敗死によって官名、改元などはすぐさま旧制に戻され国風は回復した。

孝謙天皇の鎮圧目的のひとつがここにあった。つまり「からごころ」から「やまとごころ」に復帰し「もののあはれ」を蘇らせることだ。文化防衛の戦闘に保守の伝統尊重派が勝利したのである。

これらの改正により、藤原仲麻呂政治の本質が奈辺にあったかがわかる。

孝謙天皇前期の日本政治を領導した藤原仲麻呂の権力は天皇をしのぎ、「第二の蘇我馬子」と喩えられた。淳仁天皇から「恵美押勝」などと途方もなく立派な名を賜った。そもそも始祖・中臣鎌足が天智天皇から藤原姓を賜ったのが藤原一門の嚆矢《こうし》である。

藤原仲麻呂は脳幹を唐風で汚染され、諸制度の「改悪」を行ったわけだが、戦後の歴史家たちはあべこべで「唐の先進的制度を取り入れた開明派だった」と奇妙な「進歩史観」に基づいた評価に傾いた。左翼的解釈の延長である。現代日本でも新資本主義とかグローバリズムが古典経済学や伝統的経営をあげつらう様と似ている。

仲麻呂を討ち果たし、日本が国風を回復できた功労者は阿部仲麻呂の親友にして、鑑真を連れ帰った吉備真備だった。しかし吉備真備への評価は現在もなお遠く霞《かす》んだままだ。史家らの意図的な作為を感じないか。

吉備真備の才能を早くから妬《ねた》んでいた仲麻呂は、十八年にわたり長安で学び、夥しい書物などを持ち帰って昇進を重ねた真備がいては邪魔になるとばかり、ふたたび真備を藤原清河大使の副使に任じて唐に追いやった。ところが今回も真備は多大な成果に加え、鑑真を帯同して帰国した。聖武天皇は大いに喜んで東大寺に戒壇を設け、鑑真に受戒してもらうほどだった。受戒とはキリスト教で言う洗礼である。そこで仲麻呂は真備を太宰府に左遷し、同様に大伴家持らを地方へ飛ばしたのである。

天平宝字七年（七六三年）、従四位下の佐伯宿禰今毛人《さえきのすくねいまえみし》を造東大寺長官に任じた。同年九月、孝謙上皇は慈訓《じくん》を解任し、道鏡を小僧都《しょうそうず》に任命した（『続日本紀』はここで初めて道鏡の名を出す）。小僧都は僧正を輔佐し僧尼を統括する役である。翌年七月に道鏡の弟、弓削浄人《きよひと》が宿禰《すくね》姓を賜った。

孝謙上皇が周囲を見渡すと、軍事に疎い僧侶、貴族ばかり。道鏡の手勢は僧兵くらい、側近の藤原永手では物足りない。そこではたと思いついた。

「あの真備を呼び戻せ」と。

天平宝字八年（七六四年）一月に吉備真備を造東大寺長官に任じ、平城京へ戻した。このとき真備は正四位下、六十九歳だった。

長き苦節と左遷のすえ、ふたたび朝廷から呼び戻された吉備真備の活躍がなければ、「藤原仲麻呂の乱」（恵美押勝の乱）は兵力で勝っていた藤原仲麻呂が勝利していた可能性がある。豊穣な近江国を押さえていたため、藤原仲麻呂の財力、兵力とその機動力、武器の優劣と軍の練度からシミュレーションするとそうなる。

古代史家たちはそのことには触れようとせず、あまつさえ藤原仲麻呂の乱の本質をはぐらかし、「弓削道鏡が悪人だった」、「孝謙天皇は愛人を仲麻呂から道鏡に乗り換えたのだ」等と矮小な下半身の問題にすり替えた。そして男女関係の文脈から「藤原仲麻呂の乱」というより、「孝謙天皇の乱」だったと言う。その側面はたしかにある。なぜなら孝謙は自ら譲位して出家したが、乱後、淳仁天皇を廃帝して淡路島へ流し、「逃亡を図った」といって淳仁を自裁に追い込んだ。孝謙女帝は称徳天皇として重祚する。淳仁天皇は存在理由も居場所も無くなったのである。この劇的な「淳仁廃帝」を儒教的価値観に照らして、後世の史家は非難してやまない。

淳仁廃帝は儒教が価値観の基軸となる十四世紀の皇国史観成立以前の出来事である。それも五世紀も前の事件を後世の価値観で裁断することは間違いである。当時の価値基準を後世の視点から見れば根底にある真実が理解できなくなる。

淳仁天皇は藤原仲麻呂邸で育ち、彼の政治工作で皇太子となった。「孝謙・仲麻呂の蜜月時代」には近江に保良宮を造成して副都建設を企図し、政権の青写真を描いていた。

孝謙上皇は、称徳天皇として重祚されるや、保良宮を廃都とし、河内に弓削宮(由義宮)造営という大規模な副都心造成を決断した。ゲームチェンジだ。この由義宮造営の政治的意図は奈辺にあったか。

「古代史の死角」になった

戦後の歴史学者は『魏志倭人伝』、『魏略』などシナの文献を重視するが、肝心の日本の史書を軽んずる傾向がある。

藤原仲麻呂の乱の詳細を書いたのは『続日本紀』だけ、後世の『神皇正統記』はわずか一行、慈円の『愚管抄』は「大炊王悪きお心おこりて、恵美の大臣ト一心ニテ、孝謙を背き」とあるだけで仏教が頂点とする立場から孝謙の「崇仏天皇」に重点を置いている。『愚管抄』の著者・慈円は比叡山座主《ざす》であり、父は摂政関白・藤原忠通だ。『愚管抄』は頭のてっぺんから足のつま先まで仏教史観だから孝謙天皇の目指した「崇仏君主」「崇仏天皇」が是であって、これに敵対したものは悪という勧善懲悪が主観的過ぎるほどに明瞭である。『大鏡』は仲麻呂評をパスした。ただし藤原不比等が天智天皇の御落胤で、天智の愛妃のひとりで妊娠中だった妾を中臣鎌足に下げ渡したことを明記した。

新井白石は『読史余論《とくしよろん》』で政権の性格分析をしているものの仲麻呂への直接の評価はない。頼山陽の『日本政記』も藤原仲麻呂の乱の扱いは僅か十行である。

戦前の歴史教科書も、この事変が持つ重要性を読み飛ばした。このため「仲麻呂の乱」は「古代史の死角」となった。

話は戻る。天平宝字二年八月二十五日に淳仁天皇は藤原仲麻呂を右大臣に任命し、唐の制度にならって「大保」とした。翌年には太政大臣にあたる「大師」へと大出世させた。このような唐風位階の名称変更が象徴する非日本的な制度改悪が問題なのだ。しかし現代日本は首相をプライマー、社長をCEO、同性愛をジェンダーアイデンティティと呼び変えて平然としているから、シナ風の位階がなぜ奇妙なのかという歴史認識はわかりにくいだろう。

GHQが押しつけた「占領基本法」を「平和憲法」だと誤魔化して墨守する戦後日本人に

は主権が侵害されたという深刻さが理解できていない。主権とは何か、独立国家とはいったい何かの基本が忘れられている。藤原仲麻呂が権力の頂点に立つ「大保」は周王朝の「大保」、帝の守り役。「大傅《だいふ》」は天子の師匠格。「大師」は国政参与だった。この点で職域、業務内容が異なることは述べた。それまで日本の呼称は太政大臣、右大臣、左大臣、大納言だった。以下、権大納言、中納言、権中納言、少納言……と続く。

藤原仲麻呂の絶頂期はかなり長く続いた。

その秘訣は紫微《しび》中台《ちょうだい》を掌握したことにある。現代人に判りやすく言えば近衛兵と官房と御所の通路をすべて仲麻呂が握ったのである。

紫微は北斗の北の星で唐は天帝の居住する宮殿、すなわち天子の中央官庁である。

淳仁天皇は幼少のみぎり、藤原仲麻呂邸で起居し、帝王学は仲麻呂に訓育され、「仲麻呂の操り人形」となった。淳仁天皇は次のように述べたことになっている。

「善を賞《ほ》め悪を懲《こ》らすというのは、聖人たる君子の格言であり、功績を賞め労に報いるのは賢明な君主の常則である。ところで大保の藤原仲麻呂は、朝夕怠ることなく精勤に職責を守り、君主に仕えるのに真心を以てし、務めを果たすのに私心がない。部下が愚拙であれば一族の者でもその官位を下し、賢良であれば怨敵《おんてき》でも推挙する。反逆の徒（橘奈良麻呂を指す）を戦う前に鎮圧したので、人民も安泰を得、国家の基を危うくすることを未然に防止したので、皇室の統治は永く続くことになった。国家が大乱に陥ることがなかったのは、まずこのような人がいたためである」（『続日本紀』。宇治谷孟訳）

おそらく仲麻呂が右筆に命じて起草させた文章であろう。

こうした箇所を重視しない頼山陽の『日本政記』はむしろ儒学的立場から「道鏡は薛懐《せつかい》義《ぎ》のごとく、仲満（仲麻呂）は張昌宗《ちょうしょうしゅう》のごとくして、しかも勢力は皆これに過ぐ。権をたのみ乱を作（策）す」云々と指弾した。

薛懐義も張昌宗も則天武后に寵愛され出世した「情夫」あがりという共通項がある。孝謙天皇は寵愛の対象を仲麻呂から道鏡に乗り換えたとして頼山陽は則天武后にたとえた。男女関係の矮小な視点に移したのは、江戸時代は儒学が主流の学問だったからだ。

仲麻呂の子らはすべて顕官に

客観的な情勢判断ができない淳仁天皇が熱中したのは藤原仲麻呂の指示に従っての人事である。その人事位階授与にはあからさまな依怙贔屓《えこひいき》があった。

藤原仲麻呂の子供十二名は全員が従五位である。男子は真従、刷雄《よしお》、真先、朝狩、久須麻呂、小湯麻呂、薩雄、辛加知《からかち》、執棹《とりさお》のいずれもが若くして従五位下になっている。娘たちをみても児従《こより》、東子《とうし》、額《ひたい》が無位から従五位下。とくに東子の場合はいきなり従五位上である（乱後の処罰で刷雄は修行僧だったので助命され遠島処分。東子は絶世の美女だったので千人の兵に強姦されたと『水鏡』にある）。

淳仁の天平宝字三年の位階授与を見ておこう。

従三位の船王《ふねのおう》と池田王（いずれも天武天皇の孫）を三品《さんぽん》（親王の位階の第三位）に。白壁王（後の光仁天皇）に従三位、御方王《みかたおう》らに従四位下、河内王に従五位上を授けた。

そして仲麻呂一族の藤原真楯《またて》に正四位上、藤原巨勢麻呂《こせまろ》に正四位下、藤原御楯《みたて》に従四位上を、仲麻呂の息子の藤原真先に従四位下を、藤原朝狩に正五位下を授けた、ほとんどが藤原仲麻呂の子供か子飼いである（彼らは乱鎮圧後、仲麻呂と行動を伴にした者は斬られるか、遠く島流しとなった）。

こうして上層部を仲麻呂派で固めてから、六月に新羅征伐の決定を下した。

天平宝字三年（七五九年）九月、新羅征伐のために船五百艘を目標に造船を決定し、北陸諸国に八十九艘、山陰道諸国に百四十五艘、山陽道諸国に百六十一艘、南海道諸国に百五艘　農閑期を選んでの造船完成を三年以内とした。この資財、労力、財力の消耗で仲麻呂政治への不満は爆発寸前となっていた。

三年をかけて出陣の準備は進んでいた。美濃と武蔵から語学の才能がある若者を六十名選抜し新羅語の特訓を始めていた。前年十一月には授刀舎人《たちはきのとねり》の春日部三関《かすかべのみせき》と、中衛舎人《ちゅうえのとねり》の土師関成《はじせきなり》らを太宰府に派遣し、吉備真備から諸葛孔明の軍事指南書「八陣」（軍陣の八形式）と『孫子』兵法にある「九地」（九の土地系における戦術）、ならびに軍営を学ばせた。

『続日本紀』の天平宝字四年（七六〇年）の条に次の記述がある。

「十一月十日、綬刀舎人の春日部三関・中衛舎人の土師《はじ》宿禰関成ら六人を太宰府に遣わした。そこに赴任中だった太宰大弐・吉備朝臣真備から諸葛亮（諸葛孔明）の『八陣《はっちん》』（軍陣の八つの形式）・孫子の九地《くち》（九種類の土地の形による戦術）並びに軍営の作り方（陣地の構築方法）などを習得させた」

八陣は魚鱗《ぎょりん》・鶴翼《かくよく》・雁行《がんこう》・長蛇・偃月《えんげつ》・鋒矢《ほうし》・衡軛《こうやく》・方円の八つの陣形で、たとえば「魚鱗の陣」とは、全体が魚の形になり、一隊一隊をそれぞれ鱗に見たてる。「鶴翼」は鶴が翼を広げた陣形で鶴の頭の部分に大将が位置する。戦国期に武田信玄と徳川家康がもっとも得意とした戦術である。

二年後に仲麻呂自らが任じた東海道節度使（軍の方面総監に匹敵）が船百五十二隻、兵士一万五千七百人。南海道節度使は百済王《くだらのこにきし》敬福《きょうふく》が任じられ、船百二十一隻、兵士一万二千五百人。吉備真備は西海道節度使となって船船百二十一隻、兵士一万二千五百人。動員された兵士には三年の免税特典が授与され、準備は整いつつあった。船は合計で三百九十三隻だった。

ところが疫病と飢饉、各地で起こった洪水などの災害のため、軍備どころではないと不満が爆発し、仲麻呂政権は一気に壊滅に向かうのである。疫病の猛威は近年のコロナ禍（武漢肺炎）で身近な問題となり、当時いかに深刻な状況だったかの想像がつく。

天平宝字六年（七六二年）六月三日、五位以上の官人を朝堂に召集し、淳仁天皇は「孝謙上皇の御言葉」として次の詔をなしたと『続日本紀』は書いている。

すなわち、「聖武の後を継ぐことになった孝謙天皇は淳仁をたてて年月を過ごしてきたが、淳仁は恭《うやうや》しく従わず、外人の仇《かたき》がいうような、言うべからざることを言う、為すまじきことをして来た。およそこのようなことを言われるような朕（孝謙上皇）ではない。朕は出家して仏弟子となった。以後、国家の大事と賞罰の二つの大本はこれから朕がおこなうと仰せになった」

というわけで今後、淳仁は恒例の祭祀など「小さなこと」だけを行うことになった旨を五位以上の官人に孝謙上皇の言葉として詔した。

淳仁天皇と藤原仲麻呂と孝謙上皇との剣呑な関係が表面化した。まつりごとの大本は淳仁天皇が決める事項ではなくなった。権力を事実上、取り上げられたということである。

第五章

藤原仲麻呂の乱

藤原仲麻呂の「わが世」は唐突に終わる

孝謙上皇は保良宮《ほらのみや》の別宮において病を治癒してくれた道鏡をすっかり信頼するようになり仲麻呂を遠ざけた。

一方、淳仁《じゅんにん》天皇は藤原仲麻呂べったりで、政策的にも思想的にも孝謙上皇の意に沿わなくなった。背後に仲麻呂の画策があることは明々白々だった。

仲麻呂排斥計画が秘密裡に動き始める。挙兵の一年前（七六三年）、興福寺別当で仲麻呂派だった慈訓《じくん》が少僧都《しょうそうず》を解任され、後任に弓削道鏡が任命された。興福寺と東大寺は仲麻呂が仲間に引き入れるために寺領を増やすなど多大な援助を与えてきたから、これは仲麻呂閥を弱体化させるのが目的だった。

同年、苦労して渡海してきた唐の名僧・鑑真《がんじん》が死去した。仲麻呂も、鑑真一行のために唐招提寺を造成するほど支援していた。

平城京に戻った孝謙上皇に道鏡が何を囁いたかは定かではないが、図に乗りすぎた藤原仲麻呂の討伐準備は本格化した。孝謙上皇の謀《はかりごと》は仲麻呂に察知されないよう慎重に時間をかけて、まず軍の中枢を入れ替えることから始まった。これは道鏡ではなく、吉備真備《きびのまきび》が立案した。老体に鞭打って指揮を執る真備、このとき七十一歳である。真備は本来、学者であり、遣唐使として唐に派遣されること二回。唐の軍事学も学んで帰朝し、太宰府にあっても兵士らに鶴翼の陣など戦《いくさ》を教えてきた経過は前章に見た。彼は孫子、韓非子、十八史略、三国志などを熟読していた。孝謙天皇側は吉備真備という諸葛孔明《しょかつこうめい》のような「軍師」を得て、攻撃準備に勢いが出た。

藤原仲麻呂の乱の経過を追う。

吉備真備が太宰府から帰京して造東大寺長官という要職に就くと、藤原仲麻呂は劣勢に立たされた。

天平宝字八年（七六四年）九月、藤原仲麻呂は都督四《ととくし》畿内《きない》と三関《さんげん》（鈴鹿関、不破関、愛発《あらちの》関《せき》）ならびに近江、丹波、播磨などすべての兵事使《ひょうじし》（広域の軍政責任者）となり、この面妖な、しかも唐突な任官を誰もが怪しんだ。だが、この人事は空証文に近かった。

愛発関はどこにあったか。滋賀県教育委員会が調査し、特定を試みたが、令和六年三月現在、まだ愛発関の跡地は確定されていない。おそらく疋田《ひきた》あたりの国道に埋もれたと推定されている。昭和三十年代前半、金沢から京都へでるには北陸本線（当時はＳＬ）を利用した。スイッチバックが敦賀と今庄《いまじょう》間にあり、やがて敦賀を南下し米原へ向かう途中の駅の一つが疋田だった。戦国時代、越前に赴任していた柴田勝家が秀吉を討とうとして雪の道を越えたのも、おそらくこの道だ。賤ヶ岳《しずがたけ》の血戦場は琵琶湖北東の山岳地帯にある。

令義解《りょうぎのげ》「軍防令置関条《ぐんぼうれいちかんじょう》」によると、「其れ三関には、鼓吹・軍器を設け、国司《くにつかさ》（が）分当して守固せよ。配するところの兵士の数は、別式に依れ」とある。「三関」とはいうまでもなく、伊勢の鈴鹿、美濃の不破、近江と越前の境にある愛発の三つの関所のことを指す。鈴鹿は壬申《じんしん》の乱と家康の伊賀超えで有名だ。不破関は、壬申の乱に勝利した大海人《おおあまの》皇子（後の天武天皇）が最重要視した要衝だ。家康はそれにちなみ、関ヶ原の戦いの陣を大海人皇子の帷幄《いあく》（野上行宮《あんぐう》）に近い桃配《ももくばり》山に敷いた。そこで戦捷を祈ったのだ。

愛発関の場所の特定ができないのはすぐに逢坂関《おうさかのせき》が代替したからである。逢坂関は平安時代になって山城国と近江国の国境に設けられた。

藤原仲麻呂の権勢が突如揺らぎ始めたのは、軍事面で仲麻呂を支えていた授刀《じゅとう》督（授刀《たちはき》衛《えい》の長官）であり、女婿である藤原御楯《みたて》が死去したことによる。仲麻呂の軍事力が削がれたうえ、授刀督の後任はライバル藤原北家から迎えられ、授刀衛の少志《しょうさかえ》（四等官）には道鏡の弟・浄人《きよひと》が就任した。

藤原御楯の初名は千尋《ちひろ》。藤原北家の祖・藤原房前《ふささき》の六男。官位は従三位・参議である。同母兄の藤原永手や真楯《またて》は藤原仲麻呂と対立したが、御楯はといえば妻（児依《こより》）が仲麻呂の長女、姉・宇比良古《おひらこ》が仲麻呂の室（真従《まより》・真先・訓儒麻呂《くすまろ》・朝狩の生母）という親族関係から仲麻呂の側近となり、仲麻呂から何かと頼りにされた。大炊王《おおいおう》（淳仁天皇）の即位に伴って千尋から唐風名の御楯に改名した経緯がある。

一時は保良宮の自邸に孝謙上皇・淳仁天皇の行幸を仰いだほど朝廷からの信頼も高かった。御楯は授刀督として仲麻呂政権の軍事面を担ったが、乱の三カ月前に急死した。

かくして王城護衛軍は仲麻呂の統制から離れた。孝謙上皇は、大宰府から呼び戻した吉備真備に、仲麻呂が仕掛けたような謀を命じた。

追い詰められ、焦りにかられた仲麻呂は行動に出た。

印璽を盗み、塩焼王を立てる

「〈七六四年〉九月十一日　大師（太政大臣）の藤原恵美朝臣押勝（藤原仲麻呂）が謀反を企

てていることが、はっきりと漏れてきた。高野天皇〈孝謙上皇〉は少納言・山村王を遣わして、中宮院（淳仁天皇の御所）の駅鈴《えきれい》（官吏の出張の際に朝廷から支給された鈴）と、内印（天皇の御璽《ぎょじ》）を回収させた。押勝はこれを聞いて、息子の訓儒麻呂《くずまろ》らに待ち伏せさせ、これを奪わせた。天皇は授刀少尉《たちはきしょうじょう》の坂上苅田麻呂《さかのうえのかりたまろ》と授刀将曹《しょうそう》の牡鹿嶋足《おじかのしまたり》らを遣わして訓儒麻呂らを射殺させた。すると押勝は中衛将監の矢田部老《やたべのおゆ》を遣わした。老は甲《よろい》をつけ馬に乗り、さらに詔使（山村王）をおびやかした。天皇側が命じた授刀舎人《とねり》の紀船守《きのふなもり》は、また老を射殺した」（『続日本紀』）

鈴・印を守るというのは、生身の天皇を守るような枢要な任務だった。げんに藤原仲麻呂の乱は鈴印の争奪から始まったのだ。鈴印の管理は二時間交替で「鈴森」（鈴守）と呼ばれた兵士が守った。維新における「錦の御旗」である。

孝謙上皇が回収を命じたおりに動員された兵力は東大寺僧侶、綬刀衛と帰化人の檜前《ひのくま》氏と秦《はた》氏である。いずれも有力な帰化人集団で、今日でいう傭兵にあたり、檜前は大和国高市郡一帯が集合領域だったらしく檜隈、比乃久末、比乃久万とも書いた。明日香村が中心で、秦氏と並ぶ東漢《やまとのあや》氏の本拠地である。秦氏に関しては説明不要だろう。

また文中に「大師」とあるように、形式上、仲麻呂はまだ最高権力者だった。孝謙側の動きは迅速だった。恵美押勝とその子孫らが反逆したので、官位をすべて剝奪し、財産を没収し、鈴鹿、不破、愛発の三つの関に厳戒態勢を敷く。そのうえで吉備真備を正四位下から従三位とするなど側近を昇格させるとともに鎮圧軍を編成した。

「この夜、押勝〈藤原仲麻呂〉は近江に逃走し、官軍はこれを追討した。

九月十二日、高野天皇は次のように勅《みことのり》した。

朕が今聞いたところによると、逆臣恵美仲麻呂は、太政官印を盗み取って逃亡したという。忝《かたじけな》くも人臣として、この上ない厚い寵愛を受け、恩寵が極まって、ついに禍が満ち、自ら深い刑におちいることになった。そしてまた愚かな人民を脅かして手下とし、偶然の勝利を得ようとしている。もし勇士がいて、良い謀《はかりごと》によって、すぐさま押勝を討ち除くならば手厚い褒償を与えるであろう。また北陸道諸国は、太政官印のある文書を受け取っても通用させてはならぬ」（『続日本紀』）

奇妙な表現に気がつくだろう。天皇の御璽《ぎょじ》ではなく太政官印を仲麻呂が持ち逃げしたとある。だが、仲麻呂の太政官の位階を剝奪したとはいえ、その印章はもともと仲麻呂の手元にあるはずだ。ただし、太政大臣とは朝廷の最高責任者だから、仲麻呂の命令を勅命と間違えて従う地方官吏もいるに間違いない。

恵美押勝こと藤原仲麻呂は宇治から近江国へ逃走した。吉備真備の軍略に従い、山城守・日下部子麻呂、衛門少尉・佐伯伊多智《いたち》らが先回りして瀬田大橋を落とした。瀬田大橋の戦略的価値は高い。現地を視察してみると、平城京から彼の地盤である近江の国へ逃れるには、宇治を経由して瀬田橋を渡らなければならない。朝廷軍はこれを阻止するため間道を通過して先乗りする必要があった。妻子や愛妾ら一族郎党を連れた仲麻呂軍は行軍の速度が鈍く、それゆえ近江国府に入ることかなわず、行先を変更し、湖西を駆け抜け愛発関を超えて敦賀を抜け、越前国府を目指した。

瀬田大橋は、日本の三名橋の一つ「瀬田の唐橋」として数年前まで両岸に割烹料亭が並ぶ観光名所でもあった。近年は割烹のかわりに老人のケアセンターのビルが建っている。周囲は民家が建て込み見晴らしが悪くなった。ここから下流へ二キロほど南下すると石山寺がある。

近江国府は国衙(兵隊駐屯地)を兼ねた。仲麻呂の父・藤原武智麻呂《むちまろ》の時代から近江を支

仲麻呂が育った近江国衙跡

配しており、藤原南家《なんけ》の富の源泉だった。国府は小高い丘の上にあり、現在は集合住宅にみっしりと囲まれてはいるが、敷地の一部が保存され、大きな石碑が建っている。

　近江国府跡は一九六三年から発掘調査が始まり正殿跡から瓦、磁石が出てきた。区画形式は長安の宮城に酷似し、朱雀路などが敷設されていた。

　この国府跡地は大津市大江三丁目から六丁目にかけての集合住宅団地の真ん中あたりにある。私はJR石山駅から南へ四キロほどの近津尾《ちかつお》神社へ向かった。地元では「国分の鳥居」と言われる。きっと国分寺が近かったのだろう。神社から「へそ石」と呼ばれる保良宮の礎石が残る場所までの一帯が保良宮の敷地だった。孝謙上皇が、この別荘で道鏡の治療を受けるまでは、女帝と仲麻呂は呼吸の合った二人三脚で歩んでいた。孝謙・仲麻呂の蜜月があったゆえに近江国府に近い保良宮への遷都が計画され、仲麻呂の死で中断されるまで保良宮の造成は進められていた。

反乱に失敗した藤原仲麻呂一行は湖西へ迂回し、琵琶湖の西北部の高島へ走り、前高島郡少領の角家足《つののいえたり》の家に泊まった。その夜、屋根に隕石が落ちた。脱線だが高島には「秋の詩」という銘酒がある。

上皇側の佐伯伊多智らは湖東から越前へ先回りして、仲麻呂の息子の藤原恵美辛加知《からかち》を斬った。そして愛発関を固めていた綬刀舎人の物部広成《もののべのひろなり》らとともに反乱軍を撃退した。息子・辛加知の死を知らない仲麻呂は越前入りを諦めず、塩焼王《しおやきおう》を偽帝に擁立した。愛発関へ殺到した仲麻呂軍を、前述した関守の物部広成が見破り、平城京から佐伯、日下部軍が増強され、仲麻呂軍を退却させた。追い詰められた仲麻呂は船で逃げたが、逆風にあって再び琵琶湖西岸に上陸、高島郡三尾《みお》あたりで上皇軍と激戦となった。血を血で洗うような激戦は六時間に及んだ。

三尾は継体天皇の母親の故郷であり、また持統天皇が娘時代に過ごした地である。死闘

仲麻呂の父・武智麻呂が祀られている栄山寺八角堂（国宝、奈良県五条市、一説によると仲麻呂も祀られているという）

を繰り返すうちに上皇側の援軍が到着し、ついに仲麻呂軍は合戦に敗れた。九月十八日、湖畔で捕縛され、一族郎党ことごとく琵琶湖の入り江・乙女ヶ池あたりで斬となって仲麻呂の時代は悲劇的な終焉を迎えた。九月十八日、石村《いわむらの》村主《すぐり》石楯《いわだて》が恵美押勝（仲麻呂）の首を平城京に届けた。

　仲麻呂の落日は孝謙上皇がパートナーを道鏡に乗り換えて政務に復帰したことから始まり、間をとりもっていた仲麻呂の正室、藤原宇比良古《おひらこ》（袁比良とも書く）の急死と、仲麻呂の突撃隊長だった藤原御楯を失ったことが決定的となった。宇比良古の不在により仲麻呂と孝謙とのコミュニケーションが疎遠となっていたことも見逃せない。

乱鎮圧の殊勲者たち

瀬田大橋を落とし、越前で藤原辛加知を討った功により、佐伯伊多智は従四位上・中衛中将に叙せられた。佐伯氏はそもそも、瓊瓊杵尊《ににぎのみこと》の天孫降臨に大伴氏とともに随伴してきた名門であった。光仁天皇の御代には中衛中将と下野守を兼ねた。

佐伯伊多智とともに瀬田大橋を落とした日下部子麻呂（古麻呂とも書く）も、乱後に従四位上・播磨守に叙任された。天平神護二年（七六六年）に功田二十町を与えられ、翌年に内豎《ないじゅ》員外大輔（内裏の雑役の主任格）に転じた。

越前で武功のあった外従八位上（「外」は正規外の位階）の敦賀直《つるがのあたい》嶋麻呂を「官軍支援協力」の功ありとして外従五位下を授けた記録があるように、乱鎮圧の功労者への褒賞は手厚かった。

殊勲賞は紀船守であろうか。乱後、じつに八階級特進した。孝謙上皇が、淳仁天皇の許にあった駅鈴・内印（御璽）を回収しようとした際、武装してこれを奪回にきた仲麻呂方の中衛将監・矢田部老を射殺したことによる。この功労により従七位下から従五位下に昇叙、勲五等の叙勲を受けた。光仁朝前半まで近衛将監の位置にあり、近衛員外少将、近衛少将。天応元年（七八一年）に桓武天皇が即位すると、従四位上・参議兼近衛員外中将に叙任された。やがて長岡京造営にも携わり、桓武天皇の覚えめでたく最後は正三位・大納言、死後に贈正二位・右大臣を贈られている。

藤原継縄《つぐただ》（豊成《とよなり》の次男）は、佐伯伊多智に斬られた藤原辛加知の後任として越前守に任じられた。また、太宰員外帥《だざいいんがいのそち》に左遷されていた父・豊成も右大臣に復帰した。

仲麻呂の不穏な動きを密告したのは高丘比良麻呂《たかおかのひらまろ》と陰陽師《おんみょうじ》の大津大浦《おおつのおおうら》である。

高丘は百済からの帰化人の末裔、紫微少疏《しょうさくわん》から越前介に叙任された。京に遷り、藤原仲麻呂が独断で諸国の兵士の招集を始めたことを孝謙上皇に伝えた。その功により比良麻呂は外従五位下から一挙に内従四位下に叙せられ、その後、遠江守《とおとおみのかみ》を兼ねた。

大津大浦は表裏の激しい陰陽師で、一時は藤原仲麻呂に信頼されて吉兆を占っていた。あるとき仲麻呂の反逆準備を知り、朝廷に密告した。乱平定後、大浦は正七位上から従四位上へ一挙に十階級の特進のうえ、宿禰《すくね》姓への改姓を許され美作守《みまさかのかみ》に任ぜられた。ところが天平神護元年（七六五年）、和気王《わけおう》の謀反が発生し、これに連座した大浦は兵部大輔から日向守に左遷され、神護景雲元年（七六七年）には官職も解任された。光仁天皇期に恩赦によって帰京し、宝亀二年（七七一年）に陰陽頭となり、三年後には安芸守を兼ねた。

戦後処理は続いた。乱の翌年に「天平神護《じんご》」と改元し、仲麻呂に関与した人々を処罰する一方で、鎮圧の功労者の官位をあげた。藤原永手、真楯、吉備真備らに勲二等を、弓削浄人らに勲三等など。また戦地となって田畑が荒らされた近江国高島郡には免税措置二年、滋賀、浅井郡は一年の免税とし、没収した物資などを分け与えた。授刀衛を近衛府に改称し、「刀狩り」を実行して、武器の所蔵者から回収した。

淳仁天皇は完全に政局の蚊帳の外である。仲麻呂の操り人形である実態は誰もが承知していたことであり、その仲麻呂が不在となれば、運命は決まっていた。仲麻呂の斬から三週間ほど置いて孝謙上皇は兵部卿の和気王と左兵衛督の山村王、外衛大将の百済王敬福を遣わし、兵士数百人で淳仁天皇の中宮院を取り囲んだ。

山村王が淳仁天皇に対して孝謙上皇の詔を告げてこう言った。

「いま帝となっている人をこの数年見ていると、天皇の位にいる能力はない。それだけでなく、仲麻呂と心を合わせてひそかに朕を除こうと謀り、密かに六千の兵を徴発して調《ととの》え、朕を討ち滅ぼそうと言ったという。それゆえ淳仁帝を帝の位から退かせ、親王の位を与えて、淡路国の公として退かせる」

十月、淡路に配流された淳仁廃帝は逃亡を図るが、捕らえられて翌日崩御した。仲麻呂派の残党が各地で呪詛を繰り返し、武力蜂起の動きがあったため暗殺されたとも言われる。仲麻呂の斬の後、偽天皇に立てられた塩焼王は死罪。行動をともにしていた皇族たちは臣籍降下のうえ流罪の処分ですまされた。船親王は隠岐へ、池田王は土佐へ。三方王、宗像王、笹王、何鹿王、為世王、山口王、長岡王、葦田王、他田王、津守王、豊浦王、宮子王らは丹後へ配流され、川辺王と葛王は伊豆へ流された。

仲麻呂側では、藤原訓儒麻呂《くずまろ》と矢田部老が緒線で戦死、三尾の決戦では藤原巨勢麻呂（従三位）、真先（従四位上）、小湯麻呂（従四位下）、朝狩（同）らが戦死した。

電光石火

孝謙側の対応は迅速を極めた。まさに電光石火だった。

孝謙は藤原仲麻呂（恵美押勝）一族の官位をことごとく剝奪《はくだつ》し、口分田を没収した一方、藤原永手に正三位を、吉備真備を従三位に叙した。そのほか、直ちに位階昇段となったのは藤原縄麻呂、大津大浦、牡鹿嶋足、坂上苅田麻呂、瓜田道麻呂、中臣老人、弓削浄人、高丘比良麻呂、日下部子麻呂、紀舟守らである。これらが淳仁廃帝、称徳《しょうとく》天皇重祚《ちょうそ》後の政権を支える陣容となった。

乱発生から二日後、仲麻呂の実兄、藤原豊成を右大臣に復活させ、帯刀資人《たちはきのとねり》四十人をつけた。豊成は太宰府へ左遷されたはずだが、病気と称して難波に五年間隠棲していた。同年九月二十日、高野天皇は次のように詔した（この期間の『続日本紀』の記述は孝謙上皇から称徳天皇重祚への移行期ゆえ、「高野天皇」となっている）。

「道理にそむいた穢《きたな》いこころの仲末呂《なかまろ》は、詐《いつわ》りねじけた心で兵を挙げ、朝廷を転覆させようとして、駅鈴と内印を奪い、また皇位を掠《かす》め取ろうとして、先に捨てしりぞけられた道祖《ふなど》王の兄・塩焼王を皇位に定めたといって、太政官印を押して、天下の諸国に文書をばらまいて告げ知らせ、（中略）これをみると仲末呂の心が道に反して、よこしまであることがわかる。従って彼が先に奉上したことは、一つ一つ偽りとへつらいであったのだ」（『続日本紀』宇治谷孟訳）

これは「道鏡は怪しげな野心家であるから退けよ」と仲麻呂が言ったことへの反撃である。仲麻呂をあえて「仲末呂」としている。

右の詔はこう続く。

「この禅師〈道鏡〉の行いを見るに、いたって浄らかで、仏法をうけ継ぎ広めようと思われ、朕をも導き護って下さるわが師を、どうして簡単に退け申せようかと思っていた。ところで朕は髪を剃って仏の御袈裟をきているけれども、国家の政治を行わないでいることができない（中略）。自分から願っておられる位ではないけれども、この道鏡禅師に大臣禅師という位をお授けすることを、みな承れと申し告げる」

高野天皇は道鏡を大臣禅師とした。道鏡は、いったんは辞退したらしいが高野天皇は執念に取り憑《つ》かれたように道鏡を「ひたすら雑念を去って心を虚しくし固く辞意を述べたが、仏教を盛んにしようと臨むなら高位でなければ大衆を従わせることができない」と理由をつけた。

九月二十二日には「反逆人恵美仲麻呂〈名前が混乱している〉が政治を取っていたとき、奉上して官名を改称したが、よろしくもとの官名に戻すようにせよ」と勅した。

核心的な変化は仲麻呂の斬から僅か四日後のことだった。

仲麻呂批判はすぐにはおさまらず九月二十九日の勅でも、

「恵美仲麻呂は生まれつき心が悪く、道にそむく性格で権力で人を脅したり、利を以て人を手なづけたりすることを長く続けてきた。それにもかかわらず朕は我慢して許し、仲麻呂が自分から悔い改めることを願っていた」

乱から時を経ても怒りは収まらないばかりか昂進し、筆は厳しくなる。

「賊臣の仲麻呂は愚かで凶暴で、気が狂って反逆を企て逃亡して滅んだ。天網は高く張り巡らされてあり、一味は悉く処罰された」

その後も論功行賞が続いた。

追加の論功行賞で近江で官軍を支援した僧、娑弥《しゃみ》と藁園寺《わらそのでら》の檀家ら諸寺の下使いにも一年後、身分に応じて報奨品を与えた。また正五位上の淡海三船《おうみのみふね》を東海道巡察使としている。論功の典型がさっきも見た仲麻呂の実兄、豊成である。『続日本紀』の天平神護元年十一月二十七日に藤原豊成が薨じたおり、称徳天皇はその功績を振り返って次のようにまとめた。

「天平二十年に中納言から大納言に昇進し、天平感宝《かんほう》元年に右大臣を拝命した。その頃、弟の大納言仲満《なかまろ》（仲麻呂）は政治をつかさどり権力を専らにして、その勢力は大臣豊成をもしのぐものがあった。大臣は天性の資質ひろく厚いものがあり、時の衆望の集まるところであった。仲満（仲麻呂）は常に中傷しようとしていたが、乗ずる隙を得ないでいた。大臣の第三子の乙縄はふだんから橘奈良麻呂と親しかったが、このことによって、奈良麻呂の事件が発覚した日に、乙縄は仲満に反逆者の一味であると誣告《ぶこく》されて日向掾《ひゅうがのじょう》に左遷された。仲満はせき立てて任地へと向かわせた。さらに豊成も右大臣から地位を下して太宰員外帥とされた。大臣は赴任する途中、難波の別荘に到ったとき、病と称して任地へ赴かず、留まること八年目に、仲満は謀反を起こして誅伐されたので、その日のうちに本官（右大臣）に復任した」

仲麻呂は実兄の豊成まで総理大臣級から福岡税務署長クラスへ左遷し、専政の邪魔をさせなかったのだから、その復元措置である(なお『続日本紀』は「留まること八年」としているが「五年」の誤記)。

閑話休題《それはさておき》。淳仁廃帝の御陵は淡路島の南部に位置する。行政区分では南あわじ市に属する。バス停から一キロほど先に小さな森が見え、一面が淡路特産のタマネギ畑である。私は新神戸で新幹線を降りて淡路島の洲本バスターミナルへ向かう路線バスに乗車した。三宮経由で、一時間半ほどで着いた。

ここで福良港へ行くローカルバスを待つこと四十分ほど。洲本のバスターミナル付近は平地で港が見渡せ釣船が舫《もや》われて町並みは静か。乗り換えたバスを「御陵前」で降りると、南側にこんもりとした森。農道は二本あって東よりの農道を歩くと御陵の池に辿りついた。入り口がない。トホホとまた国道まで戻り、西の県道を南下、二十分ほど、強い風のなかを歩いて、ようやく淳仁天皇陵の入口を見つけた。風に木々が小刻みに揺れ、緑の香りを漂わせる。ここは三原平野の中心部で、港から遠い。三方が小高い山。廃帝が逃亡を企てたとしても見張りに見つからずに港へは辿りつけないだろう。逃亡を企てたので拘束し自害させたなどというのはやはり作り話。密かに始末されたと想定される。

天平神護元年（七六五年）「十月二十二日　淡路公（淳仁天皇）は幽閉された憤りに耐えられず、垣根を乗り越えて逃亡した。淡路守の佐伯宿禰助《たすく》・掾《じょう》らが兵を率いて逃亡を阻止した。淡路公は引き戻された翌日、押し込められた一郭の中で薨《こう》じた」（続日本紀）

大炊王が公式に「淳仁天皇」と諡《おくりな》されるのは明治になってからで、後世に即位したことになった大友皇子と同じ扱いである。大友皇子も明治になって弘文天皇と諡された。ちなみに明治期に神功皇后、飯豊天皇は皇統譜から削除されている。ヤマトタケルを倭天皇としているのは、『常陸風土記』だけである。

道鏡は極悪人だったのか

藤原仲麻呂が乱に失敗して斬となり不在になると、道鏡には確かに「我が世の春」が訪れた。

保良宮の夢から覚めた孝謙上皇は乱が片づくと淳仁天皇を廃帝して淡路で亡き者とした後、自身が称徳天皇として重祚した。そして、由義宮《ゆげのみや》（弓削寺）への遷都を考えた。

このポイントを史家が軽視するのはなぜだろう。由義宮は弓削道鏡の故郷である。遷都は大事業にして困難を極める。聖武天皇は恭仁京、紫設楽京、難波に遷都の後、平城京に戻った。それ以前に持統天皇は藤原京に遷都したが、排水が悪く廃都とした。後の桓武天皇は長岡京に暫時《ざんじ》遷都後、平安京へ移った。現代世界をながめても、遷都の成功例はブラジルのブラジリア、ミャンマーのネピドー、カザフスタンのアスタナくらいでインドネシアの新首都ヌサンタラの建設は成功するかどうか未知数である。

関西本線のＪＲ志紀《しき》駅（大阪府八尾市）から十分ほど歩くとクルマの往来が激しい道路沿いに大きな「由義寺跡」の石碑と看板が旧跡を示している。

弓削神社は住宅地のまん中ゆえに発見しにくいが、弓削一族の故郷を守護する神社だ。弓削道鏡はこの地で育った。かつては藤原仲麻呂が故郷への遷都（保良宮の拡大）を思いつき、今度は道鏡の故郷に遷都を計画する。孝謙が称徳天皇として重祚後、本格的な由義宮の造成が始まった。

称徳天皇の崩御後、工事は中断されて地中に埋没したため、なかなか場所が確定できな

道鏡の出身地にある弓削一族を祀る弓削神社（大阪府八尾市）

かったが、広大な敷地に弓削寺が建立されていた。その想像図の看板が当該地にある。

道鏡が天智天皇の皇子、志貴皇子《しきのおうじ》の落胤《らくいん》とする説もあるが、信じる人は少数派。そもそも弓削氏とは弓などの武器をつくる部署であり、先祖は物部系だろう。

志岐駅から由義宮（弓削宮）跡を探そうと住宅街をあちこち彷徨《さまよ》って、こんもりした森のような一角に行き当たると、そこが弓削神社だった。地名も弓削、なるほど道鏡の出身地は弓削一族が集中していた地域なのだ。ちなみに由義宮跡は八尾市東弓削二丁目にある。称徳天皇の離宮として建立された。

弓削道鏡の絶頂は五年続いた。

藤原仲麻呂が心血を注いだ新羅討伐軍の計画は水泡に帰し、国家安全保障政策も重要性が薄らいだ。道鏡はなにしろ軍事には疎く唯識論が専門の禅僧であり、サンスクリット語に通じてはいても、国家の基本政策を立案する政治知識はなかった。「法王」という高みに上り、美酒と権力に酔うと判断力が鈍る。太政大臣と法王を兼ねるという史上空前の位階は称徳天皇が仏教を第一とする統治を理想としていたからだ。

孝謙時代には「神祇、皇統、仏教」だった政治秩序の価値観が、称徳天皇になると「仏教、皇統、神祇」と序列が変わったことに特別の留意が必要である。神武天皇以来の皇室の行事はすべて神道に基づいてきたが、これに仏教が混在した。殯《もがり》の伝統は横に置かれることとなり、持統天皇以後は火葬が多くなった。周囲はここまでの仏教の政治介入を快く思ってはいなかった。

「霊信仰に生きる人々の前に、六世紀半ば、仏像と仏具と仏典がもたらされた。人々をなによりも驚かせ戸惑わせたのは仏の像だった。人間の姿をした尊像を拝むことなど、霊信仰を基調とする日本古来の信仰には絶えてない宗教の形だった」(長谷川宏『日本精神史(上)』講談社学術文庫)

その仏教に大和朝廷が染まった。道鏡は天皇の輿《こし》を使い、弟を大納言にまで出世させた。弓削連《むらじ》一門で五位にまでのぼりつめた男女は十名もいる。筆頭は道鏡の弟、弓削浄人《きよひと》で、藤原仲麻呂の乱直前の天平宝字八年（七六四年）七月に従八位下、授刀少志《たちはきのしょうさかえ》、弓削宿禰《すくね》を賜姓された。九月の乱勃発と同時に外従四位下に躍進し、直後には勲三等、翌年二月に従四位上。道鏡政権になると正三位、検校《けんぎょう》兵庫将軍と出世街道を驀進《ばくしん》した。

神護景雲元年（七六七年）、浄人の子、弓削御浄広方《みきよのひろかた》が従五位下、翌年に右兵衛佐《うひょうえのすけ》に。同年七月に弓削秋麻呂が従五位下で左少弁に。神護景雲二年（七六八年）に道鏡の従兄弟《いとこ》で、従五位下の弓削薩摩は能登員外介となり周防守を兼ねる。ことほどさように道鏡一門は権力の一角を占めた。

乱後の政局にあっては称徳天皇が頼みとしていた藤原豊成（仲麻呂の実兄）がみまかり、藤原永手と藤原百川が台頭してきた。

このふたり（永手と百川）は天才的な陰謀家だった。しかも二人の歴史感覚は伝統重視であり、神祇優先で仏教を最高位にするなど慮外のことだった。その意味でふたりは称徳天皇の仏教に淫されたまつりごとを刷新し、古式に復古させるべしと考えていた。

称徳天皇に重祚されたあとの政治には晴れやかさがない。

仲麻呂の乱鎮圧と淳仁廃帝というドラマティックな政治改革がなされた後は、清心な空気が漲《みなぎ》るはずなのに、なぜか暗鬱となるのは称徳の崇仏国家への驀進に周囲がそれとなく反発したからだ。大化の改新の意義は何故にあったか。仏教を利用した蘇我氏の専政を排斥するためだった。壬申の乱は外敵との国家安全保障をめぐる路線対立によって起き、勝者となった天武天皇は遣唐使を三十年間、中断した。

律令とは憲法であり、国家の掟である。ここには「法王」の位置づけはなく、言うなれば非合法の存在であった。称徳のめざした天皇と法王の共同統治なるスタイルは、二頭政治になりかねないではないか。

藤原永手と吉備真備の左右大臣の上に道鏡という「法王」が位置し、太政大臣を超える権限を与えられた。称徳天皇は本気で共同統治の理想を夢見た。だが、それは国体の変更を意味する一種の革命ではないのか。

周囲は称徳天皇の暴走に暗澹《あんたん》たる思いを抱き、それゆえ道鏡の失脚を画策した。間接的クーデターと言っていいかも知れない。

というのも、以後に連続した奇怪な出来事が、ある謀略の下に展開されたと考えると霧が晴れるように腑に落ちるからだ。すなわち宇佐神宮の神勅事件において、和気清麻呂《わけのきよまろ》を派遣しての神託の真贋から、称徳が激怒し清麻呂を想定外に左遷した一連の動きが、藤原百川らが仕組んだシナリオだとしたら？

称徳天皇が病の床について以後、道鏡は天皇に近づくことを許されず、臣下とのやりとりはすべて真備の娘の由利《ゆり》が取り次いだ。この時点で道鏡の存在は無視され、権力の中心は藤原永手、百川と吉備真備に移った。称徳崩御と同時に後継皇統をきめる重役会議に道鏡は呼ばれもせず、かりにも法王でありながら発言権もなく、法王という地位は自然消滅した。こう解釈すると、全体像がつかめる。

道鏡を寵愛した称徳天皇が崩御されたときの左大臣は藤原永手。右大臣は吉備真備だった。称徳天皇は急死だった。都の警護のため、東国に通じる三関《さんげん》（不破、鈴鹿、愛発《あらち》の関所）を閉鎖した。

喪の期間を一年とし、薬師寺で誦経、高野山稜に葬られた。法会は西大寺。道鏡は山稜に庵をつくり二週間ほど留まった。朝廷内では道鏡の扱いを巡って意見が戦わされた。道鏡批判の急先鋒は藤原永手だった。権力を笠に着て伽藍修復に公費を濫費したことがやり玉にあがった。

「ひそかに皇位を窺う心を抱いていたが、山稜の土がまだ乾かぬうちに悪賢い陰謀は発覚した。(中略)道鏡の弟の弓削浄人と、浄人の息子の広方、広田、広津を土佐に流した」(『続日本紀』)

弓削一族の栄華も、神護景雲四年(七七〇年)八月、称徳天皇の崩御とともに終わった。道鏡は称徳天皇がみまかると自ら陵の番人を務めたが、急速に政治力を失い、下野《しもつけ》薬師寺別当に格下げされ、その地で死んだ。

天智系の光仁天皇が即位

称徳上皇の崩御後、藤原永手、百川らは称徳の遺言を偽造した。

こうした策謀的な動きにより光仁《こうにん》天皇が即位した。その一カ月後、光仁天皇は思い出して、大隅国に配流されていた和気清麻呂と、備後国に配流されていた姉の広虫《ひろむし》を京へ戻した。和気清麻呂は称徳天皇の命令で「道鏡を天皇とすれば天下泰平になる」との宇佐神宮の神託真偽を確かめるために現地に赴き、「天皇は皇統から選ばれるのがしきたり」とする大神の神威を持ち帰った。それが称徳天皇の怒りに触れたと言われているが、これは事実ではない。

和気清麻呂は穢麻呂《きたなまろ》に、姉の広虫も狭虫《せまむし》と改名され、蟄居していた。その和気清麻呂がもとの従五位に服するのは翌年三月、そして宝亀五年（七七四年）九月に、従五位宿禰から朝臣となる。冷遇されていたはずの和気清麻呂が、桓武天皇の御代に飛躍を遂げた。これは何を物語るのか。大がかりな謀《はかりごと》が背後にあり、和気清麻呂は藤原百川らの駒として働いたということではないのか。

「道鏡にへつらって」太宰主神《だざいのかんつかさ》の習宜阿曾麻呂《すげのあそまろ》が「道鏡を皇位につければ天下泰平になる」とフェイク神託を上奏した宇佐神宮の偽神託事件は、称徳天皇が裏から手を回して偽造させた可能性なきしもあらずだが、それにしては神託が偽りとされた後の処分があまりに軽い事実は何を意味するのだろう？　阿曾麻呂はいったん奄美諸島あたりに配流されたが、その後、大隅守となって出世しているのである。

真偽を確かめるため宇佐神宮へ赴く和気清麻呂に対して、道鏡が「吉報を持ってくれば、官職位階を上げてやる」と持ちかけたということになっている。これも眉唾で、おそらく後智恵の作り話である。

和気清麻呂が宇佐神宮で跪《ひざまず》くと神風が吹き「わが国は開闢《かいびゃく》以来、君臣の秩序は定まっている。臣下を君主とすることは未だかつてない。あまつひつぎ（皇位）はかならず皇統から立てよ。無道の人は払いのけよ」との御託宣があった（宇佐神宮のホームページによる）という筋立ても辻褄が合いすぎる。

この結末を女御の広虫から聞いて称徳天皇は怒り狂い、清麻呂を穢麻呂と改名させ、従五位下の印旛国員外介として左遷した。また穢麻呂と組んで「悪くよこしまな偽りの話を作った」として姉の広虫も側近から追い出した。

客観的にこの宇佐神宮の事件を振り返ると、そこには称徳天皇の孤独、焦燥、誇大妄想が感じられ、精神的な安定を欠いて合理的、理性的な判断が出来ない称徳天皇を納得させるために周囲が打った芝居ととれる。天皇への直接的な諫言を避け、周囲が大がかりな芝居を打ったということだ。

神護景雲三年（七六九年）十月、称徳天皇は突如、飽波宮《あくなみのみや》に行幸した。この別宮は聖徳太子の時代からの離宮だった。平成三年（一九九一年）、法隆寺に近い上宮《かみや》遺跡から奈良時代の大型掘立柱《ほったてばしら》建物群が発見された。これを飽波宮跡とする説が有力で、現在、上宮遺跡公園となっている。

飽波宮行幸から二日後に称徳天皇は由義宮に行幸し、同月三十日、詔して由義宮を「西京」とした。前述したように、由義宮周辺は道鏡の出身地である。近くに飽波宮という離宮があるのだから、わざわざ由義宮をつくる必要性はなかった。いかに道鏡を寵愛し重視していたか、高僧として尊敬していたかがわかる。

よほど気に入ったのか称徳天皇は翌年二月にも由義宮へ行幸して長期滞在した。川畔で宴を催し、造営に関わった大工や、また付近の寺にものを賜り、四月になって平城宮へ還った。それが最後の宴となった。

五月に体調不良を訴え、宝亀元年（七七〇年）の六月十日、左大臣藤原永手と右大臣の吉備真備に政務をゆだねた。

八月四日、称徳天皇は崩御した。ただちに藤原永手、吉備真備が中心となって藤原宿奈麻呂、藤原縄麻呂《ただまろ》、石上宅嗣《やかつぐ》、藤原蔵下麻呂《くらじまろ》が合議して、白壁王《しらかべおう》（後の光仁天皇）を皇太子とし、三関を閉め、葬儀の段取りを組んだ。五日後には山稜造営の責任者も決めた。

前にも指摘したが、重要な会議に道鏡の名前がない。道鏡は太政大臣兼法王であり、左大臣右大臣より上位だったにもかかわらず。その理由として、

第一に道鏡の唐突な出世に不満を持つ人たちが数多くいた。

第二に仏教政治への急傾斜が神祇界に大きな不安と爆発的な不満をもたらした。称徳天皇の重祚を大嘗祭で行うにも、いちど仏門に入り出家した天皇が神道の即位式を行うのは大いなる矛盾である。そこで朝廷は多くの神社に幣帛《へいはく》をおくり、建物を修理させ、「神は仏法を護り尊ぶのだ」と弁明して、神仏習合理論を押し通した。

第三に政権の首脳陣が大きく変わっていたこと。式家藤原宇合《うまかい》の八男、策士だった百川は従兄弟の左大臣・永手と、兄の参議・良継と謀り、称徳天皇の偽勅を奉じて、天智系の白壁王の即位に反対だった吉備真備を出し抜き、白壁王を後継とした。

第四に、道鏡政権は軍事力をほとんど持たなかった。弓削一族を総動員したところで、せいぜい河内一帯の少数派でしかない。前世紀に蘇我氏に物部守屋が滅ぼされて以後、物部氏は衰退の一途をたどっていた。藤原一族の広い人脈と権力構造の裾野の広さに、弓削一族がかなうはずはない。称徳天皇の崩御とともに瞬時に力を失い、道鏡自身、朝廷の空気を敏感に感じ取って山稜に庵を結び、ひたすら読経して称徳を追悼するのみだった。

ところが後世、北畠親房《きたばたけちかふさ》は、藤原仲麻呂の野心より道鏡に批判の矛先を向けている。親房は後醍醐天皇の側近で、その南朝正統論は皇国史観の嚆矢《こうし》となった。江戸時代から道鏡が酷評されるようになったのは親房の『神皇正統記《じんのうしょうとうき》』が原因である。

同書には次のようにある。

「（孝謙上皇が）後に道鏡という元法師（弓削の氏人也）又寵幸ありしに、押勝（藤原仲麻呂）いかりをなし、廃帝をすすめ申て、上皇の宮をかたぶけむとせしに、ことあらはれて誅にふしぬ。（淳仁）帝も淡路に移され給て（孝謙）上皇重祖あり」（岩波文庫）

（孝謙上皇が保良宮で静養中、道鏡と親しくなったため藤原仲麻呂こと恵美押勝は激怒のあまり、上皇の引退と政治への介入を無効とするためのクーデターを画策するが、秘密工作がばれて討たれた。淳仁天皇は淡路に配流となり、上皇は称徳天皇として重祚されたのだった）

仏教による統治には違和感が強かった

これまでの経過をまとめると以下のようになる。

孝謙上皇は道鏡を、禅師太政大臣を兼ねた法王とし、仏教哲学による政治の実践を展開した。「先仏後神」の思想に傾斜した称徳天皇にとっては、道鏡法王との共同統治による仏教政治が理想だったのだ。

このような考え方を端的にしめすのが天平神護元年（七六五年）十一月二十三日に行われた大嘗祭のあとの直来《なおらい》（豊明節）の席だった。豊明節とは天皇が新穀を食して群臣とともにする宴である。

称徳天皇は、

「朕は仏の弟子であり菩薩戒を受けているからには上は三宝（仏）にお仕えし、次に天つ神の社、国つ神の社の神々を敬い、次に皇族臣下百官人民のすべてを哀れみ慈しみたいと思って重祚に踏み切った。

或いは神々を仏から引き離すと考えている人もいるようだが、教典を読めば、仏法を護り、尊敬して奉っているのは諸々の神々である」

と詔《みことのり》を発した。

つまり菩薩戒を受けた仏教徒であっても、称徳天皇即位としての儀式「大嘗祭」を執り行うことになんら矛盾はないと神祇界を説得しているのだ。一種詭弁に近いが、神仏混交のまつりごとの継続になるとして、周囲は収まったのである。

しかしこれまで、天皇や日本を守護する力は神祇、皇統、仏教の順としていたが、出家したまま称徳天皇として重祚した前後から仏教信仰が一段と高まりを見せ、称徳天皇の認識は仏が最上位、ついで神祇の順となった。

日本の古き神々がはっきりと仏教の下位になったのだ。これでは万世一系を否定することになりかねない。

聖徳太子も仏教を尊重したが、たとえば法隆寺を守護するため近くに神社を建立したように神仏混淆の様式を重視した。古き日本の神々が仏教を守護する神として位置づけられていたのだ。その代表が神託事件を引き起こした豊前の宇佐八幡宮だったのである。

このとき称徳尼天皇の身近には道鏡しかおらず、仲麻呂の兄・藤原豊成はすでに亡くなっていた。

藤原永手も百川もまだ力量不足のうえに教養不足であったが、次期後継皇太子をめぐって吉備真備が推す候補を妨害するのに余念が無かった。

称徳天皇が重篤の病に伏した時、身辺にいたのは吉備真備の娘・由利だけだった。真備はそれとなく次期皇太子に智努《ちぬ》王を推し、また称徳天皇もそう考えていた。智努王は天武天皇の孫で、長屋《ながや》王の子。天武系である。真備が「つなぎ」として智努王をあてたのは、政局の打開が目的だった。なにしろこのとき智努王は七十八歳という高齢で、孝謙朝のときは仲麻呂を輔佐するナンバーツーの位置にあったが、体調不良で引退し、臣籍降下して文室浄三《ふんやのきよみ》と名乗っていた。藤原永手、百川らが擁立した白壁王（後の光仁天皇）は天武系ではなく、天智天皇の皇子、志貴皇子の子である。

藤原仲麻呂を討ったものの称徳天皇は後継を決めずにみまかり、藤原永手、百川らが共謀し、白壁王（光仁天皇）を皇太子とした意味は、皇統を天武系から天智系へ戻らせたということである。

吉備真備は当時の右大臣である。彼は白壁王擁立は天武系から天智系への逆行であり、伝統が崩れると反対したものの、やがて沈黙した。かくして壬申の乱で確立された天武系皇位は七代・百年あまりで称徳女帝を最後に断絶した。

そして称徳崩御とともに仏教の理想郷を目指すという「崇仏天皇」の空前の試みは挫折する。

光仁天皇は白壁王の時代、酒に溺れたふりをして政治的野心を隠し、周囲から「人畜無害」と見られていた。藤原永手が目をつけたのはその指導力のなさ、つまりロボットとして使えそうな凡庸さだった。

驚くべきは、光仁天皇が、自分への呪詛を行ったことを理由に正妻（皇后）と皇太子を廃嫡し、側室の高野新笠《たかののしんがさ》の産んだ山部王を後継皇太子（桓武天皇）としたことである。これは藤原一族の陰謀だったが、光仁天皇は黙って見ていたのか？

これは西太后（第二夫人）が正妻（東太后）を排斥し、正妻にのぼりつめたような不遜な出来事ではないのか。歴史家はなぜこの重大事を深く取り上げなかったのだろうか。『続日本紀』の光仁条の執筆には藤原一族が編纂に加わっており、むしろ光仁皇后を悪役に仕立てて、桓武天皇の即位を正当化している。皇后が光仁天皇を呪詛していたなど、長屋王を自裁に追い込んだ藤原四兄弟の陰謀とそっくりである。

藤原百川は光仁皇后が天皇祖呪詛したと言いがかりをつけ、廃后し、他戸親王の即位を阻止するために僻地へおいやって皇后と親王ともども暗殺した。まことに百川は「非情の政略家」（村尾次郎『人物叢書 桓武天皇』吉川弘文館）だった。

井上皇后と他戸親王を排除し、百川は自分たちに都合のよい山部王（後の桓武天皇）を即位させた。山部王は母親の高野新笠が帰化人の末裔《まつえい》であり、本来なら皇子後継候補にもなれない。「百川らの仕組んだ事件であったことは間違いないであろう」（村尾前掲書）。

井上内親王は聖武天皇の第一皇女。母は夫人県犬養広刀自。伊勢斎王を務めたのち光仁天皇の皇后となられた。光仁天皇はのちに懺悔し、皇后陵を二度にわたって改修した。井上皇后と他戸親王をまつる御霊神社は五條市と近辺に二十三社もある。本宮が五條市霊安寺町の御霊神社で、井上内親王(光仁皇后)、早良親王、他戸親王を祀っている。

藤原南家が滅びても北家は安泰

かくして藤原仲麻呂の乱により孝謙天皇が称徳天皇として重祚し、事実上の「道鏡政権」のもとで崩御したあと、光仁天皇に皇位が移り、天武系から天智系に交替した。

藤原一族にとっては、武智麻呂・仲麻呂の南家がほろびても北家は安泰である。北家からはやがて栄華を極めた道長、頼通が出る。

戦後、中西進、森公章、遠山美都男らが書いた天智天皇論は、いずれも力作ではあるが、菊花の匂いがしない。『古事記』『日本書記』のやぶにらみで、浪漫的な素直さがないのだ。天智と天武の兄弟物語は多くの小説や漫画にもなった。井上靖は額田王《ぬかたのおおきみ》を中軸にした古代浪漫『額田女王』を書いた。額田王は天武の愛人となって子をなし、ついで天智の側室となった女性だから、情緒豊かなロマンスのヒロインとしてうってつけだ。

現代日本人が描く天智帝のイメージは本質から相当ずれている。戦後の天智論がどことなく風情がないのは和歌の解釈に深みがなく、科学的実証主義の陥穽におちいった所為だろう。

仏教の渡来は五三八年説が有力だが、その後数十年間に亘って、物部、大伴、佐伯、中臣氏が仏教を邪教として排斥した。

古代の「廃仏毀釈」だった。古代神道は仏教のまつりごとへの介入に反対した。仏像は難波の河に捨てられた。神祇界の中心人物が中臣鎌足《なかとみのかまたり》だった。

だが帰化人を組織化し財力に富んだ蘇我氏が仏教を政治に活用した。神道守護派は仏教崇拝の蘇我氏に滅ぼされた。最後まで抵抗した物部守屋は討ち取られ、以後の物部氏は石上氏などに改姓し諸国へ散った。その物部氏の情念と悔恨が十世紀初頭、『先代旧事本紀《せんだいくじほんぎ》』（著者不明）にまとめられた。道鏡はその物部系である。

聖徳太子の時代に仏教は日本古来の神道と混淆《こんこう》して独自の精神的な基盤を築いた。この経過は教科書でも教えている。

遣唐使として長く長安にあって仏教の修業をした吉備真備は唐の官学のいかがわしさを

体験して帰国した。吉備真備には藤原仲麻呂の偽善を見抜く眼力があった。もし政《まつりごと》が儒教精神を基盤とするものであったなら、わが国風とは共存出来ない。儒教が先進的だったという価値観は後世、江戸時代に後智恵で定着したもので、古代に儒教的価値観が普及していたとする解釈は間違いである。

中世は慈円の『愚管抄《ぐかんしょう》』が象徴するように徹頭徹尾「仏教史観」である。皇国史観の登場は十四世紀、北畠親房の『神皇正統記』を待たなければならない。また江戸時代、徳川幕府の統治と道徳観に利用するため儒学を官学としたものの、儒学者の作文の筆力と博覧強記は単なる飾りだった。

橘孝三郎『天智天皇論（抄）』（転展社）は戦後に書かれた歴史論である。橘孝三郎は、大化の改新に大きな影響を与えた南淵《みなみぶちの》請安《しょうあん》を、「大化改新回天の国史無双の大業成就の神策、秘謀一に崇高偉大無上の大人格、南淵大先生の大頭脳に出づる」とまで激賛する。あくまで「大化改新」と呼び、「乙巳《いっし》の変」とは書かない。それは入鹿暗殺以後の政治改革の中味を重視するからだ。

大化改新の本質を橘孝三郎はこう言うのである。

「古神祇崇拝優先主義である。崇仏優先主義とは正反対である。ここに大化改新の根本精神が厳存する。（中略）かむながらの道である。或はすめらぎの道である。換言すれば皇道である。大化改新の根本精神は皇道の精神であって、拝仏、拝儒精神ではない。大化改新は復古的前進運動であって、聖徳太子の仏教国日本建設運動ではない」

なぜなら「大化改新は日本民族の歴史的生活における、神武肇国に次ぐ、最大なる日本民族固有の復古的大前進運動であり、精神協力的創造精神の歴史的自己実現である」がゆえに天智帝は「神武天皇の復元大元首」だとし、その眼目は東国国司主体の〝米穀動員機構〟の確立にあった。つまり「大化元年秋八月東国国司任命に始まり、右大化二年八月口分田班給令に終わっている」

蘇我稲目《いなめ》、馬子、蝦夷、入鹿が独裁を極め、財政を独占した。馬子は帰化人をそそのかして崇峻《すしゅん》天皇を殺害した。あきらかに蘇我氏は天皇位の簒奪を狙っていた。聖徳太子一族を全滅させ、廃仏派の最後の闘将だった物部守屋を討ち果たし、穴穂部《あなほべ》皇子の擁立を阻止した経過を見れば、蘇我氏の陰謀は皇位を狙ったもので、貴族社会の主導権競争と解釈するのは「大まちがい」だと橘孝三郎は言う。

現代歴史学の多くは右の説を取らない。ここで橘は漢王朝を簒奪して「新」をたてた王《おう》莽《もう》と比較し、大化改新のほうが根が深いにもかかわらず「一瞬間的解決となった」のは、「世界史的神秘であり、そこに真相が秘められている」という。橘孝三郎が重視するのは大宝律令への道筋ではなく穀物動員機構が確立したことで、漢語の直訳的解釈の「班田収授法」は正しくないとして、こう続ける。

「神代的自然発生的自治共同体の健在という根本大事実を念頭に」置くべきで、これは「支那的班田収授の実施をまったく問題にしない」。注目すべきは、「郡司に旧国造《くにのみやつこ》を補している点だ。つまり「米穀動員機構の地方行政府は神代そのままの地方的大神社機構そのものであった」。

農業共同体が食糧備置システムを構築したことが最重要な改革だとする。

中大兄皇子《なかのおおえの》（のちの天智天皇）と中臣鎌足（後の藤原鎌足）の二人が力を合わせ、各地に食糧倉庫を完成させた事業を高く評価する。いかにも農本主義に立脚する橘孝三郎らしい、やや牽強付会な理論である。際立っているのは大化の改新の理念と、称徳天皇の崇仏政治とは全く異なると主張しているポイントにある。

天武系の反撃「氷上川継の乱」

称徳急逝の後、後継天皇をめぐって対立があった。吉備真備は天智系の光仁の即位に反対したが、藤原百川が称徳の遺言なる勅を偽造して、強引に光仁としたところまで見た。百川の「前歴」を思い出さないだろうか。百川が道鏡天皇を望むという宇佐八幡の神勅を偽造し、道鏡追放の大芝居を打ったことを！

白壁王はすでに還暦をすぎていたから「中継ぎ」であり、他戸《おさべ》親王の即位を視野に入れての「とりあえずの措置」だった。これには罠が仕掛けられていた。百川は山部王（後の桓武天皇）に娘を入内させ、早くから外戚の地位を狙っていた。とはいえ山部王は百済からの帰化人の裔、高野新笠との子であり、嫡流ではない。だから他戸親王が存在する限り即位はあり得なかった。そこで光仁皇后（井上《いがみ》内親王）が天皇を呪詛していたと言いがかりをつけ、他戸親王ともども葬ってしまった。こういうやり方は長屋王を葬った藤原四兄弟、橘奈良麻呂一派をまとめて葬った藤原仲麻呂とあくどさにおいて変わりはない。前掲・村尾次郎の言うようにまことにシナ風なのだ。

桓武天皇の延暦《えんりゃく》元年（七八二年）閏正月十一日、不満分子の武装蜂起未遂事件があった。天武系の反撃とも言える「氷上川継《ひがみのかわつぐ》の乱」である。

従五位下の氷上真人川継が反乱を企て武装して御所を襲ったが失敗して逃亡した。三日後に葛上《かずらぎのかみ》郡で捉えられたが喪に服していた光仁天皇は寛大な処分に留めた。この川継は塩焼王の子である。新田部親王の子・氷上塩焼と聖武天皇の娘・不破内親王（光仁皇后・井上内親王の同母姉妹）の間に生まれた皇子で、天武天皇の曾孫にあたる。父の塩焼王は藤原仲麻呂の乱で「仮天皇」に擁立され、失敗して斬に処された。

母の不破内親王も称徳天皇を呪詛したとして皇親身分を奪われていた。そのため称徳天皇なき後の皇位継承候補から外された川継の怒りは収まらず、天武天皇に繋がる血統の誇りもあり、反朝廷勢力を糾合しやすい立場にあった。この意味するところは、天武天皇から七代、称徳天皇にいたるまでの百年間は天武系の王朝だったのが、以降、天智系にとって代わられることにある。

天応二年（七八二年）正月に因幡守に任じられた川継は味方を集めて、平城宮の北門より侵入して朝廷を転覆させる謀反を計画した。大和国葛上郡で捕らえられた川継は伊豆国へ流罪となり、母の不破内親王と川継の姉妹たちも連座して淡路へ流された。

連座した山上船主《やまのうえのふなぬし》は遠島処分。連座三十五名。川継一味と見なされた大伴家持、坂上苅田麻呂らは職務を解任されたが、同年五月に疑いが晴れ、名誉回復している。

川継は二十三年後に許され、延暦二十五年（八〇五年）に従五位下に復し、六年後には配流先だった伊豆守を兼任した。

仲麻呂への評価がガラリと替わり、同時に道鏡への高い評価が揺らぐ記述が『続日本紀』にはさりげなく並んでいる。

恵美押勝（藤原仲麻呂）の乱（七六四年）から二十二年後もその余塵はずっと続き、記憶はまだ生々しかった。桓武天皇の御代にも思い出したように藤原仲麻呂の乱を鎮め勲功を成した英傑たちが称えられた。たとえば坂上苅田麻呂が薨じたおり（延暦五年／七八六年）の『続日本記』の記載は次のようになっている。

「恵美仲麻呂が謀反を起こし、まず息子の訓儒麻呂《くずまろ》を平城京《なら》に遣わして鈴印を強奪させた。

苅田麻呂は授刀将曹の牡鹿嶋足《おじかのしまたり》と共に天皇の詔《みことのり》を受けて直ちに馳せ参じ、訓儒麻呂を射《い》殺《ころ》した。この功績によって従四位下・勲二等を授けられ、大忌寸《おおいみき》の姓《かばね》を賜り、中衛《ちゅうえ》少将に任ぜられ甲斐《かい》守を兼任した。このことは廃帝（淳仁天皇）紀に記されている。（中略）苅田麻呂の家柄は代々弓馬の事を職とし、走る馬から弓を射ることを得意とした。宮中に宿直《とのい》し警護をして代々の朝廷に仕えてきた。天皇は苅田麻呂を寵愛し厚遇して、俸禄とは別に封《ふ》戸《こ》五十戸を賜った」（『続日本紀』）

乱から四半世紀の歳月を経てもなお、鎮圧に成功した英傑らの子孫を讃えたのである。

第六章

吉備真備らのその後

学者で右大臣になった吉備真備

朝廷の軍権をがっちりと掌握し、肩を並べる者なき往時の独裁者（恵美押勝こと藤原仲麻呂）が女帝・孝謙天皇と坊主あがりの道鏡が送り出した素人の軍になぜ負けたのか？

尊皇側が勝つに決っているという「皇国史観」のパラダイムを超えた考察が必要である。天が味方したからというのは神風が吹くという幻想に似た楽観論に過ぎない。

具体的で緻密な鎮圧の軍略を立案したのは吉備真備《きびのまきび》だ。平城京に復帰して造東大寺長官となったのは乱勃発の八カ月前のことだった。

真備は右衛士少尉だった下道朝臣圀勝《しもつみちのあそんくにかつ》の息子である。吉備ではなく畿内で誕生したらしい。吉備朝臣の賜姓は天平十八年（七四六年）からで、それまでは下道真備である。十五歳で大学寮に入り、二十二歳で留学生に選ばれた。現代の出世物語にすれば、東大首席卒業、フルブライト特待生というところか。しかも留学先でも首席の成績だった。

第八回遣唐使は四隻の船団で総員五百五十七名。遣唐主席大使は多治比真人県守《たじひのあがたもり》、大使は阿倍朝臣安麻呂だった。吉備真備の同窓に阿部仲麻呂、船には歌人・山上憶良も遣唐使の書記として同乗していた。

留学生には足絹四十疋、綿百屯、布八十端を賜り、真備はこれを換金して足掛け十九年（実質の在唐は十七年）に及んだ留学費用に充てた。真備は長安で数百巻の書物、新兵器や楽器、新型の箭《や》の見本、露面漆四節角弓、発射機などを買い込んだ。

天平勝宝二年（七五〇年）、正月十日、即位したばかりの孝謙天皇は従四位上だった吉備真備をいきなり筑前守に任じた。左遷である。藤原仲麻呂の入れ智恵である。

孝謙天皇は若き日に吉備真備から『礼記』、『漢書』などの講義を受けていたから傍にいて侍講を続けて欲しかった筈である。ただし礼記は儒学の経典で、編纂方式が時代によってばらばらのため、おそらく真備が講じたのは唐留学帰りの新版だったと推定される。礼記はモラルと儀式、祭祀を論じた書物で、しきたりの基本を孝謙天皇が身につけるためのものだった。

左遷された真備は筑前守、ついで肥前守と連続十年の左遷時代に著作をものにしている。二度目の遣唐使からの帰朝時に帯同した鑑真に関するものかと思いきや、『道璿和上伝《どうせんわじょうでん》纂《さん》』である。これは真備の知られざる一面だろう。

道璿は仏教哲学を極めながら社会的地位を求めず隠遁した唐の高僧で、最澄も鑑真ではなく道璿を師と仰いだ。道璿和尚は天平八年（七三六年）に来朝し、大安寺に住んで民衆に対しても講演した。この生き方は聖武天皇の時代の行基《ぎょうき》と似ている。当然、真備と交際があった。大安寺は往時、東大寺や興福寺と並ぶ大寺だった。現在は真言宗系で癌封じの寺という異名がある。奈良時代には東西に七重塔が屹立し、「南大寺」の別名があった。平安京に遷都以降衰退し、寛仁《かんにん》元年（一〇一七年）の大火で主要堂塔を焼失した。

天平勝宝二年（七五〇年）九月に従四位下の藤原清河に遣唐使大使、大伴古麻呂に副使が命じられた。翌年十一月七日、筑前赴任中の吉備真備が遣唐使副使に追加された。この間、藤原仲麻呂（恵美押勝）が新羅へ攻め込むため三年かけて四百艘の軍船を建造していた。

再び遣唐使の副使として吉備真備が入唐したとき、かつての遣唐使同期、阿部仲麻呂は唐の玄宗皇帝の強力な側近、朝衡《ちょうこう》（阿倍仲麻呂の唐名）として重きをなしていた。真備は阿部仲麻呂と大いに語らい、同時に多くの文書、古文書、仏典などを持ち帰った。帰国船は四隻だった。不幸にも阿倍仲麻呂と藤原清河が乗った船が座礁、ベトナムへ漂流し、二人は結果的に帰国できなかった。

真備は文学、宗教のみならず儒学、歴史、数学、兵法、建築学、天文学、暦、音楽、書道を学び、平城京の大學で五経、三史、明法、算術、音韻などを講義した。これらは当時の新学問だった。

だが真備は日本の国益になる学問だけを吸収し、日本に適合する範囲で儒学を理解した。日本は神武肇国《ちょうこく》のはるか以前、天照大神《あまてらすおおみかみ》の時代から合議を尊重してきたからである。真備は唐に学んだものの人工的な秩序を押しつける儒学的な要素の導入はモラルの範囲内に限定し、仏教の奥義は理解してもこれを聖武天皇や孝謙天皇のように篤く信仰することはなかった。すべてを冷めた目で見ていた。歴史上、真備が果たした大きな役目が仏教でも文学でもなく軍師としての才能だったことは皮肉である。

現代の軍事学と比較してみよう。

小川清史・元陸将は西部方面総監を歴任し作戦を研究してきた。著書に『「作戦術」思考』（ワニブックス）がある。小川に拠れば日本的な組織には「ムラの掟」に従い阿吽《あうん》の呼吸、あるいは以心伝心という「組織知」が存在する。ところが、多様な民族混淆の部隊が編成され、言語も異なる外国軍にとっては「個人の勘や経験は、知識として他人の言葉で伝えることが難しい」。これが「暗黙知」である。しかし「理論は、それが知識として他人に言葉で簡単に伝えられる」ゆえに「形式知」となる。したがって「『作戦術』思考を組織運営の理論として『組織知』にすることができれば、まさに上から下まで組織一丸となって全体最適を追求できる『理想のチーム』ができる」。

たとえば旧ソ連のように戦場が広大すぎると、「敵陣に深く攻め入るほど、軍本部から前線の状況を把握するのが難しくなり（中略）、部隊の運用も戦果の把握も極めて困難」となるだろう。ならばどうするか？　独断専行、現場の判断、機動力が優先され、アメリカのように英雄は孤独となりがちである。

しかし必要なのは一人一人の兵士が「組織のなかの考える細胞」として自主積極的に判断して行動することだ。「現場の状況に即して自らの判断で対応し、（中略）その迅速な対応のために各兵士の自発的な意志決定が尊重される」。

このような理想的な組織を構築することは軍のみならず、あらゆる組織、企業、組合、グループに欠かせない要素である。

藤原仲麻呂の乱は孝謙天皇から鈴印《れいいん》を盗み出した事件が端緒となった。奪回するために派遣された官軍は現場で判断して藤原仲麻呂側の司令官を射殺し、祭り上げられる寸前の淳仁天皇の邸宅を取り囲んで、まず仲麻呂が平城京から脱出せざるを得ない状況に追い込んだ。つぎに仲麻呂が何をするか、戦略を担当した真備には読めた。

孝謙上皇に信頼された真備は唐で学んだ軍事学、孫子の兵法を活かし、軍を効率的に動員し、勝利に導く作戦を立てた。藤原仲麻呂は本拠の近江国府にはいり、自軍を建て直して平城京に攻め込むだろう。そうなると戦闘力で劣る孝謙天皇側は不利になる。その前に瀬田大橋を落としておけば、仲麻呂には湖西を北上して越前に向かう選択肢しか残らない。越前守として赴任しているのは仲麻呂の息子の辛麻呂だから、合流できれば反撃態勢が整う。

吉備真備は佐伯伊多智、日下部子麻呂らを先回りさせて瀬田大橋を落とした。仲麻呂軍は妻子をともなうから平坦な道のりを宇治から近江国府へまわるだろう。先回りするなら山道で険しいが田原道を行くように真備は命じた。まさに先着先陣である。天武天皇の壬申の乱の作戦の再現だった。天武天皇は先に不破関を抑え、尾張、美濃から近江朝への合流を防いだ。壬申の乱の決戦場は瀬田の大橋だった。

後世、本能寺で信長を討ちながら瀬田大橋を落とされて安土への進軍が遅れたのが明智光秀の致命的な作戦ミスだった。

つぎに仲麻呂が湖西から越前に向かうには通らざるを得ない愛発関に官軍を先回りさせて反乱軍の進軍を阻んだ。さらに先回りして越前に軍を差し向け、息子の辛麻呂を斬った。

先手、先手を打ったのである。これで打つ手がなくなった藤原仲麻呂は残存部隊を率いて絶望的な戦闘を展開して討ち取られる。まさに現場の司令官たちが自ら作戦を判断したのだ。吉備真備が立案した戦略の下で現場部隊がなした「作戦術」の成果だったことになる。

宝亀元年（七七〇年）十月、吉備真備は光仁天皇に対して右大臣と中衛大将の辞職を願い出た。

その上申書のなかで真備はこう書いた。

「去る天平宝字八年に真備は七十に満ちました。その年の正月に、官職を辞す旨の上表文を太宰府に提出しましたが、その上表文が天皇に奉上されない間に、造東大寺司長官に任命されました。（中略）ところが俄に兵乱が起こって（藤原仲麻呂の乱）、急に召され参内し、軍務について戦略を練りました。乱が平定され戦功を調べた時に、この僅かな功労によって次々に高い官職にのぼりました。（中略）伏してお願い申し上げますことは、辞職して賢者の出世の道を邪魔することを避け、上には、聖天使の朝廷が私に老を養わせる徳をもたれることを願い、下にはこの凡庸で愚かな私に足ることを知る心を遂げさせていただくことであります」

なんとも謙虚で物静かな上表文である。しかし中衛大将の任は解かれたが右大臣は留任せよと光仁天皇は仰せられた。

宝亀六年（七七五年）十月二日、真備薨去《こうきょ》。享年八十三。『続日本紀』は業績を一つ一つあげて次のように記した。

「霊亀《れいき》二年、〈真備が〉二十二歳の時、遣唐使にしたがって入唐し留学生として学業を受けた。経書と史書を研究し、また多くの学芸にひろく及んだ。わが本朝の学生《がくしょう》で、唐国で名をあげた者は、真備大臣と朝衡（阿部仲麻呂）の二人だけである。天平七年に帰朝して正六位下を授けられ、大学助《すけ》を拝命した。高野《たかの》天皇（孝謙天皇。この時は阿部内親王）は真備を師として『礼記』と『漢書』の講義を受けた。（中略）天平勝宝二年、真備を筑前守に左遷させ、（中略）同四年、遣唐使の副使となり、帰国して正四位下を授けられ太宰大弐に任じられた。建議して創めて筑前国に怡土城を造り、天平宝字七年、工事がほぼ終わり。造東大寺長官に遷《うつ》った。八年に藤原仲満《なかまろ》が謀反を起こしたとき、吉備大臣（真備）は、彼らがきっと逃走すると考えて、兵を分けてこれを遮った。この指揮や編隊ぶりは非常にすぐれた軍略で、賊軍はついに策謀に陥り短期間ですべて平らげられた」

じつに正確に真備の功績をあげて評価したのである。

岡山に建つ数々の銅像、顕彰碑

岡山県倉敷市真備町は「まきび公園」「まきび記念館」を設立し、大きな顕彰碑を建立し、町役場前には大きな銅像を建て、町を挙げて吉備真備を祀っている。

「まきび公園」にある顕彰碑には桓武天皇の詔の石碑がある。その奥の階段をのぼると真備の公墓である。

真備が生まれたとされる真備町は古墳の多い地域で、とくに箭田大塚《やたおおつか》古墳は横穴式石室があって真備の先祖が仕えた大豪族、下道氏の墓とされる。敷地面積はともかく石室は蘇我馬子の石舞台に匹敵する。巨石古墳は石を組み合わせた複合建築で明治三十四年の発掘調査では須恵器、土師器、刀剣、馬具、金環、勾玉などが出土した。

菅原道真も阿部仲麻呂も、歴史小説にドラマに大いに取り上げられた。この二人は過剰なほどに評価されたが、吉備真備に関しては評伝や歴史解説が異様に少ない。

太宰府から復帰したときに道鏡が上役だったため一緒くたにされ、頼山陽の『日本政記』や水戸光圀の『大日本史』史観で判断されたからだ。吉備真備が正統な評価を受けなかったのは、吉備の出身であり、下道氏麾下の豪族の末裔であったため、上層部に警戒されたことが大きい。古代、吉備では何度か大和朝廷に対する反乱が起きたからだ。

たとえば財務省には東大卒の派閥があって余所者を排斥する傾向が強い。防衛省は防衛大学閥。アカデミズムの世界にも学閥があって余所者は排除もしくは非主流派に追いやられる。奈良朝は皇族名流の閥族政治だったから、後世の菅原道真がいわれなき讒言《ざんげん》で太宰府に左遷されたように、異端者が異例な出世を遂げると疎まれる。

吉備地方は造船の木材に適した良質な森林をもち、はやくから帰化人が集結して鉄の製造が始まった。第二十一代雄略天皇期の星川皇子の反乱がしめすように、吉備の豪族は大和朝廷は時には大きな反乱を起こした。雄略天皇が平定して、吉備勢がようやく大和王朝に服属した経過があり、吉備人に対しては警戒心もあった。まして真備の先祖は吉備の有力豪族・下道氏の下士官だった。大和朝廷史観から言えば、大いに刃向かった吉備出身者の末裔ゆえに真備はなかなか上昇気流に乗れず、大事な場面で左遷された。能力はあまりに高いが、しかし大和王朝の序列からみれば、出自が異端であったため、旧来の貴族からは嫉妬の対象、油断したら讒言《ざんげん》されて遠方へ左遷された。

吉備真備のもうひとつの墓は奈良市高畑の奈良教育大学キャンパス敷地内の真備塚である。大学入り口から左奥に石碑が立っていて、付近で大がかりな遺跡発掘が行われた場所である。

岡山県にはもう一つ「真備公園」が小田郡矢掛町にある。伊原鉄道の真備駅から西へ二つ目の三谷《みたに》駅でおりる。かつて雄略天皇に対峙した星川皇子の応援に駆けつけた下道氏の拠点だった場所である。公園のひろい敷地には真備の居館跡があり、また真備が最初に囲碁を唐から持ち帰ったので、「日本囲碁発祥の地」の記念碑と、階段を上ったところに真備像が聳《そび》えている。

備中には吉備津神社、秀吉の水攻めで有名な高松城跡がある。備前は北が美作、南が備前。倉敷、総社市あたりが備後の国である。

ということは大和王朝史観ではなく地元の豪族を基軸とした吉備史観（という考え方がもしあるとすれば）からすると、このあたりには大和の豪族連合に拮抗するほどの軍事力と経済力を誇った豪族たちが実在したことになる。

真備町役場前にある吉備真備像（岡山県倉敷市）

大和朝廷史観では地方の有力豪族たちは主人公ではないから記述がないか、あるいはほんの数行。大和朝廷を影でささえた地方豪族はその存在さえあまり知られていない。近畿以外にも巨大な古墳は全国各地に散在しており、それが地方豪族の底知れぬパワーを証明している。

日本の歴史開闢以来、日本各地に有力な豪族がいた。出雲しかり、高志国しかり。ヤマト王権を脅かすか、もしくは対等な力をもったのが尾張氏、筑紫氏、吉備氏、上野毛氏、また帰化人集団がいた。神武天皇の軍事部門をおさえた佐伯、大伴、物部氏らが、この豪族たちと闘うか、威武作戦に従事した。

日本書紀は八世紀に成立した大和朝廷史観を基本としているから、出雲は国を譲り、ヤマトタケルは熊襲を討ち、高志は応神天皇が禊ぎをして地元の神と名前を交換し、連携したことにされた。吉備は星川王子の乱を雄略天皇が抑え、筑紫君磐井は継体天皇が滅ぼした。雄略天皇が強敵吉備の上道氏と下道氏をしたがえて、はじめて「大王」となったのである。『天皇』の称号は史書でみるかぎり、推古天皇が最初である。つまり神統譜から豪族譜、そして皇統譜となる。神武からハツクニシラスミマキ（崇神天皇）までは明らかに近畿に盤踞した豪族である。崇神天皇が、中央集権を目指して四将軍を各地に派遣したが、征服したわけではなく、ヤマトタケルも各地でたたかったものの中央集権国家が確立されたわけではない。

関東と九州の遺跡から「ワカタケル」に従うとする刀剣が発見され、はじめてワカタケルこと雄略天皇が、ヤマト王権から大和朝廷への雄渾《ゆうこん》な政略をすすめたことがわかる。

さて吉備は瀬戸内海の交通の要衝であり、塩を産し、鉄をつくった。強国である。神武東征では備前高島宮に三年を過ごしたとあり、もしそうであれば、神武との連携が成立した筈である。吉備の上道氏も下道氏も強豪を鳴らし、仁徳天皇の前方後円墳に匹敵する巨大な古墳（作山古墳など）を残している。

真備は乱の鎮圧指揮と軍略で従三位を授かり、中衛大将、大納言、右大臣と異例の出世を遂げて八十三歳まで長寿を全うした。

真備伝説が生まれた。西南戦争の末期、江戸では空に浮かぶ西郷星が錦絵に描かれた。このとき西郷はまだ死んではおらず、城山に向かって延岡から退却中だった。錦絵に描かれた西郷星など西郷本人は知るよしもない。

遣唐使の神話が拡散し、『竹取物語』は、かぐや姫に求婚した五人の貴公子が姫から出された難問に挑む冒険奇譚だが、これは遣唐使をモデルにしている。日本に存在しない宝物、珍品を発見し持参せよというのが結婚受諾の条件だった。そのうちの一人は偽物をつくった。誰もが失敗してかぐや姫は空に帰った。

こうして前人未到の地や別世界を彷徨《さまよ》う設定は遣唐使の船旅の苦難であり、遭難したり、海賊に襲われたり、漂着した先で朽ち果てるなど、想像を絶する苦行をともなった。吉備真備も阿倍仲麻呂も神話となり、伝説と化した。

『うつほ物語』も『浜松中納言物語』も、遣唐使の苦難の道行きや、唐土に骨を埋めることになった遣唐使をモデルにして奇怪な、空想的なストーリーが展開される。遣唐使が生きていた時代、外国からもたらされた先進文明の輸入品に目を輝かせた時代の現実が空想の世界へ拡がっていったのである。

大伴家持、山上憶良ら同時代人

藤原仲麻呂と馬が合わず、お互い敬遠しつつ、やがて権力を握った藤原仲麻呂から徹底して遠ざけられた文人政治家が、あの有名な歌人、大伴家持である。

軍事の名流の長《おさ》でありながら、家持には歌人としての要素がつよく、自ら血路を拓いて政治闘争に身を投じる気持ちはなかった。潜在的に大きな政治力を持ちながらも仲麻呂独裁に対する反逆は試みなかった。とはいえ橘奈良麻呂の反乱にも氷上川継の反乱にも、のちの桓武天皇の御代に起きた藤原種継《たねつぐ》暗殺事件にも、武門を統括した立場ゆえに巻き込まれることとなる。

家持は国民的歌謡「海行かば」で知られ、『万葉集』を編んだ歌人として有名である。一方で仲麻呂に対峙し、藤原種継暗殺事件の首謀者とされた政治家の側面を知る人は少ないのではないか。『万葉集』のイメージがあまりにも強烈だからだ。

大伴家持は当時の左大臣・橘諸兄と大変親しかった。なぜなら諸兄は政権中枢にありながら和歌への興味がつよく政治決断には優柔不断だった。その政治的姿勢の弱さを仲麻呂につけ入られた。

家持は天平十八年（七四六年）に越中守に任ぜられ。赴任中に従五位上に昇叙された。越中国府にあって二百二十三首を詠んだ。いまの高岡市伏木町はロシア船も寄港する貿易港（伏木の港は「伏木万葉埠頭」という）。急坂な山を登ると中腹に国府跡（室町時代に勝興寺が建立され、周囲に空堀跡がある）、さらに山道を登ると気多《けた》神社境内に大伴神社がある。ここまで登攀《とうはん》する観光客はほとんどいないが、途中に建てられた「万葉記念館」は見学の観光客や歌人たちで賑わっている。高岡駅前には大伴家持が歌を詠む華麗な立像がある。

天平勝宝三年（七五一年）、家持は少納言に任ぜられて帰京し、兵部少輔、兵部大輔と昇進して、孝謙朝後半は兵部省次官だった。大伴家はそもそも瓊瓊杵尊《ににぎのみこと》に随伴した武門の名家、防衛の最前線に立つのが伝統であった。

家持自身は橘奈良麻呂の乱と直接の関係はなかったが、大伴古麻呂や大伴古慈斐《こしび》ら一族が処罰を受け、家持自身も因幡守として遠隔地へ飛ばされた。家持が安積親王と親しく橘諸兄派としての言動が目立ったうえ、橘奈良麻呂邸や大伴古麻呂邸での宴会で歌を詠んだ記録がある。

しかし大伴一族の長として、「族を諭す歌」を詠み軽挙盲動を慎めとした。橘諸兄の急逝は家持を悲しませ、二首を詠んでいる。

移り行く　時みるごとに　心いたく
　昔の人し　思ほゆるかも

咲く花は　移ろふ時あり　あしひきの
　山管《やますが》の根し　長くはありけり

天平勝宝四年（七五二年）、遣唐使派遣が決まった大伴古麻呂の送別の宴が古慈斐《こしび》邸で開かれた。送別の宴席が仲麻呂批判の席となった。古麻呂は仲麻呂打倒批判の急先鋒だった。橘奈良麻呂クーデター未遂で犠牲となった多くの仲間に囲まれていた。

仲麻呂独裁に対する不満は宮廷人の間に渦巻いており、そのことを熟知していた仲麻呂は橘諸兄・奈良麻呂に親しかった有力者を露骨な人事で次々と遠ざけた。大伴古慈斐は土佐へ流された（出雲説もある）。大伴家持は日和見に徹したが因幡国へ左遷された。家持が突然、和歌を詠じなくなるのは因幡への左遷以来である。仲麻呂への憤怒が和歌に興ずる精神的余裕を失わせたか、まつりごとへの絶望からだろう。

仲麻呂暗殺計画があったことは仲麻呂の死後十三年もたってから、『続日本紀』の光仁天皇の条に初出する。それほど内密のうちに計画は進んでいた。大伴家持は藤原良継、従四位下の佐伯宿禰今毛人、従五位上の石上朝臣宅嗣らとこれに加わっていた。淡海三船の密告があり、四人は謹慎となって職務を解かれた。赦免のあと、大伴家持は遠く薩摩守に飛ばされた。石上宅嗣は元は物部氏系であり、嫡孫の石上麻呂は『竹取物語』のモデルのひとりになる。

藤原良継についても一言付言しておこう。

良継は反乱を起こした藤原広嗣の弟であり、連座して伊豆国へと流罪となっていた。天平十四年（七四二年）に復帰、四年後には従五位下に叙せられた。しかし藤原仲麻呂に警戒され、越前守、上総守、相模守、上野守と地方勤務が長かった。中央政界から遠ざけられていたのである。

藤原良継の場合、藤原一族のなかでの立ち後れが焦りを生んでいた。民部少輔、右中弁、造宮大輔と京官を歴任するものの藤原南家・北家に比べて藤原式家は振るわず、宿奈麻呂（良継に改名前の名）は不遇の日々を送っていた。従兄弟《いとこ》である藤原南家の藤原仲麻呂は絶頂にあって、しかも仲麻呂の息子たち（真先・訓儒麻呂・朝狩）が参議となっても、良継（宿奈麻呂）は五十歳になろうかというのに、従五位上の位階のままだった。

暗殺未遂の謀議がばれて、官位も剝奪されたが、天平宝字八年（七三六年）に仲麻呂が反乱を起こすと詔勅を受け、直ちに兵数百人を率いて仲麻呂討伐に参戦し、三階級昇進して従四位下に昇叙された。謀議を密告した淡海三船も最後には仲麻呂を裏切って討伐軍に加わった。

称徳天皇崩御後、藤原良継は皇嗣選定に弟・百川と従兄で北家の藤原永手らと白壁王（光仁天皇）の擁立に尽力した。正三位・中納言に叙任されて良継に改名した。

やがて政権中枢から吉備真備が去って、左大臣の永手も不在となると藤原良継が藤原一門の中心的存在となり、中納言から右大臣となった。かくして藤原良継は奇跡の復活を遂げたのだった。藤原式家嫡流にして、その後、良継の孫が平城《へいぜい》天皇と嵯峨天皇となり、曽孫が仁明天皇となる。

大伴家持は左遷先の薩摩で憂鬱な日々を送った後、光仁天皇期にようやく中央に復帰して民部少輔、左中弁兼務中務大輔、正五位下。一年後には従四位下を叙せられた。ところが延暦元年の氷上川継事件でまた関与が疑われて解職となった。川継は塩焼王の子である。大伴家持はその後、蝦夷征伐のため陸奥に派遣された。同四年の藤原種継暗殺未遂事件では大伴家の関与が言われたため家持はすでに故人だったにもかかわらず処分の対象とされ、名誉回復は二十数年後である。歌人として名を残した家持も、政治的には政争に敗れ左遷につぐ左遷ばかりだった。

歌人政治家として、というより同時代の歌詠みとして著名な柿本人麻呂、山上憶良についても付け加える。

このふたりは聖武、孝謙、淳仁の同時代人だった。ただし柿本人麻呂は飛鳥時代の活躍が目立ち、人麻呂の住居跡は纏向《まきむく》遺跡の桜井線・柳本駅近くにあり、石碑が建っている。歌碑は石上神宮境内に、像は奈良県宇陀市の人麻呂公園にある。三十六歌仙の一人で、飛鳥時代から活躍し、山部赤人とともに歌聖と称えられた。ただし『続日本紀』に人麻呂の記載はない。奈良時代より前に活躍したからで、研究家によれば残された歌の多くが持統天皇時代と重なっている。持統天皇は飛鳥を出て藤原京の造営に熱中した。

柿本人麻呂は「敷島の 大和の国は 言霊の 助くる国ぞ まさきくありこそ」と言霊《ことだま》信仰を詠んだ。「大君は 神にしませば」「神ながら 神さびせすと」「高照らす 日の皇子」と天皇崇拝の表現が多い。

代表歌に、

あしびきの 山鳥の尾の しだり尾の
　ながながし夜を ひとりかも寝む

淡海《おうみ》の海 夕波千鳥 汝《な》が鳴けば
　心もしのに いにしへ思ほゆ

山上憶良は大宝元年（七〇一年）の唐使派遣団に名があり、和銅七年（七一四年）には正六位下から従五位下に叙爵。二年後に伯耆守。宮廷に迎えられ、首皇子《おびとの》（聖武天皇）の侍講となった。

その後、東宮に侍すよう命じられる。神亀三年（七二六年）ごろに筑前守になって二年ほどは大宰帥だった大伴旅人と筑紫歌壇を形成した。憶良は晩年、仏教に傾倒したため死や老、病、貧困など弱者に共鳴した歌が多く、強い感受性にあふれている。貧困にあえぐ農民や防人とその家族の悲哀、弱者への同情が素直に表現された。大伴家持や柿本人麻呂、山部赤人とともに奈良時代の代表歌人となり、『万葉集』にある次の歌は現代日本人に読み継がれている。

憶良らは 今は罷《ま》からむ 子泣くらむ
　それその母も 吾を待つらむぞ

道鏡は地元では慕われた

弓削道鏡は悪評さくさくだが、晩年を送った下野《しもつけ》での評価はどうなっているのか？下野薬師寺跡と道鏡塚へ出向いた。道鏡が左遷された下野薬師寺跡が整備されており、私はその現場に立ってたいそう驚かされた。

下野薬師寺は広大な敷地に朱色の建物が復元され、往時の主柱あとも整備されている。この敷地跡はじつに広く、東国最大規模の名刹《めいさつ》だったことがわかる。道鏡に与えられた別当とは関東一帯の寺を取り仕切る長官という位であり、たしかに法王からは転落したが、場末の廃寺に追われたというわけではなかったのだ。

天平宝字五年（七六一年）に下野国薬師寺、筑前大宰府の観世音寺に東国、西国を対象とする戒壇院が建立されている。諸国の沙弥は生国により、いずれかの戒壇にて授戒を受けた。つまり下野薬師寺別当とは関東一円の寺院を統括する長官で、授戒の権威をもっていた。これは、実はたいへんな地位なのである。

称徳天皇が詔した「法王」なる位階は律令制度には存在しない。今日的に言えば天皇顧問であり、公的な、制度上の存在ではなかったから光仁天皇が法王の地位を解く必要もなく、自然消滅である。太政大臣格のえらいお坊さんが赴任するというので関東一帯は大騒ぎをしたに違いないが、道鏡の活躍を記す記録はない。

道鏡の墓と伝えられる道鏡塚は近くの龍興寺境内にある。この寺は鑑真が建立発企した名刹で、現在は真言宗だ。道鏡塚は直径三十八メートルの円墳、近年の地質調査の結果、六世紀のものとわかった。もともとあった塚に埋葬したらしく、盛土しただけの土地に欅

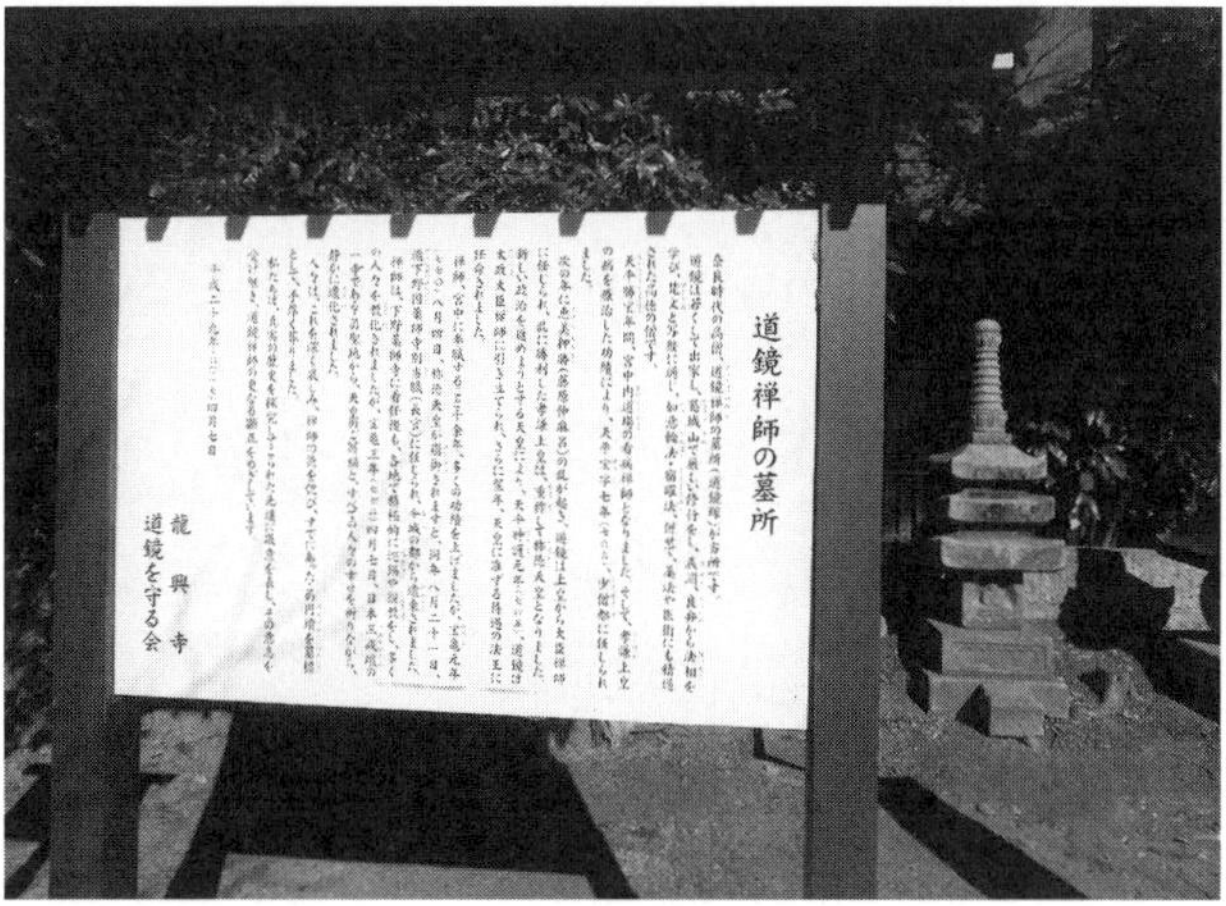

龍興寺（栃木県下野市）の境内にある道鏡の塚

が林立する場所で質素な塚である。案内板には「地元では親しまれた」と明記してある。

　道鏡を悪く書いた史書が山のようにあり、また孝謙・称徳天皇と道鏡が男女の関係で巨根の持ち主だった等と後世の作り話や噂が面白おかしく独り歩きした経過は述べた。傑作は腰を曲げて座ると膝が三つあったとか、性豪だったと後世に作られた伝説がまかり通る。道鏡が東大寺時代から学問にすぐれ、人格円満、寛容かつ鷹揚な性格で人から好かれたという真実は伝わらない。

　仲麻呂の乱を鎮圧後、世に言う「道鏡政権」はできたが、称徳天皇がひとりはしゃいでいただけで道鏡を含め周囲は案外と冷静だった。称徳天皇の一人芝居という趣だった。

性愛説が拡大して、道鏡の「巨根説」なるものも後世の創作。それも四百五十年ほどあとの十三世紀のものである。

建保三年（一二一五年）に源顕建が編纂した『古事談』が初出で、座ると足が三本あったとか、『水鏡』にも類似の事が書かれている。それ以前の弘仁十三年（八二二年）に成立した仏教説話集『日本国現報善悪霊異記』（『日本霊異記』のこと）は「法師、皇后と枕を同じくして交通し、天下のまつりごと相摂し、天下を治め」とあって、ふたりがただならぬ関係だったとしたが巨根説はない。ここでいう「皇后」は明らかな間違いで、称徳天皇（孝謙天皇の重祚）である。しかも孝謙・称徳は生涯独身だったから単純な誤記である。もし「皇后」が正しいなら天皇は道鏡になるから基本認識が間違っている。

道鏡自身に刑罰は下されなかった。弟の浄人以下、道鏡の権威を笠に着た親戚が多く浄人とその子三人が配流されたものの六年後には赦免された。この軽すぎる処分からも、道鏡巨根説なるものも後世につくられた悪評であり真実とは大きな懸隔があることがわかる。

では何が真相に近いのだろうか？

称徳天皇崩御後の対応は迅速だった。崩御から十六日後に道鏡を下野薬師寺別当に任じてそそくさと出立させ、従五位下の習宣朝臣阿蘇麻呂を多根島守（奄美など大隅諸島）に任じ（彼は宇佐八幡フェイク神託の首謀者である）、すぐに大隅の国司となった。軽い処分というより出世である。

道鏡の弟の弓削浄人と息子の広賢・広田・広津を土佐へ流し、道鏡のため昇位が遅れていた慈訓法師と慶敏法師を少僧都に任じた（慈訓は再任）。九月になってから思い出したように和気清麻呂と姉の広虫を京へ戻した。清麻呂の従五位への復活はその半年後である。さらに清麻呂と広虫に朝臣姓を授与したのはそれから三年後である。もし道鏡を追い落とした最大の功労者が和気清麻呂であったとすれば、真っ先に京へ戻し、四階級特進くらいの殊勲があってしかるべきだった。それがなされていないのである。

通説と真実との落差

現代日本のような科学万能の合理主義の時代になっても俗説は依然まかり通っている。天皇の位を狙った未曾有の野心家として道鏡への悪評は変わらず、それが現代の一般的な道鏡像だ。まして戦前の歴史教科書は、宇佐神宮から神託を持ち帰り、皇族以外の天皇はありえずとした和気清麻呂を楠木正成と並ぶ忠臣として称賛した。京都御所に近い護王神社には清麻呂の銅像が聳《そび》え、皇居内堀外の竹橋付近には巨な大像がある。戦前まで十円札紙幣には和気清麻呂の肖像が使われていた。

しかし、通説は疑問だらけで論理的飛躍があることにはたと気がついたのは下野薬師寺跡と付近の道鏡塚に実際に行ってみてからだ。

私はよほど草深い、粗末な寺であろうと想像して出かけた。ところが下野薬師寺は当時関東最大の寺院で格式高く、しかも別当というのは関東における長官である。となると、下野左遷が「処分」と言えるのかどうか。称徳亡き後、道鏡は称徳天皇の陵の番をしていて表舞台に未練も野心もないように思える。政治中枢には藤原永手と吉備真備がいる。藤原百川の暗躍がある。道鏡の出る幕はなかった。

宇佐神宮の神託を偽造するシナリオを書いたのは藤原百川だろう。百川の初名は雄田麻呂《おだまろ》。藤原式家の祖・藤原宇合の八男で、最高位は参議、死後に贈正一位・太政大臣。

仲麻呂の乱ののち、藤原百川は天平神護元年（七六五年）左中弁に復し、のち侍従・右兵衛督・内豎《ないじゅ》大輔など要職を兼務し、神護景雲二年（七六八年）には従四位下、翌年に従四位上と急昇進を果たした。皇位継承騒ぎには藤原永手と一緒に百川が舞台裏で動いた。称徳天皇が皇嗣を定めないでみまかり、天武天皇孫の文室浄三、或いは弟の文室大市《おおち》の擁立に動いていた吉備真備を出し抜き、称徳天皇の宣命を偽造して天智系の白壁王（後の光仁天皇）擁立に暗躍した経過は述べた。

このため光仁天皇の藤原百川への信任は篤かった。さらに呪詛疑惑をでっち上げて皇后（井上内親王）を廃し、光仁天皇と井上内親王との間の子、他戸《おさべ》親王も廃太子として天武系を途絶させた。宝亀四年（七七三年）、光仁天皇は皇太子に山部親王（後の桓武天皇）を立てた。母親が百済渡来人系の高野新笠だったから山部親王の立太子には反対が多かった。朝廷の空気としても、高官たちは山部親王の皇太子には疑問を抱いていたのである。

大隅に流されていた和気清麻呂はすぐさま復位できず、冷遇された経過は見た。偽神託で道鏡が次期天皇にふさわしいとした中臣禰宜阿蘇麻呂の処分も驚くほど軽かった。これらは矛盾というより、最初から最後まで道鏡追い落としのために仕組まれた罠だったからだろう。

「称徳天皇の意志は仏教の権威と接合させた天皇制への移行であり、それは父聖武から引き継いだ方針で、おそらく天平宝字六年（七六二年）六月の政治への復帰の時に、すでに彼女のなかに其れが芽生えていたであろう。俗説であろうが、道鏡への寵愛のあまり、突

如としてその即位に向かって突進していったのではない」（鷺森浩幸『藤原仲麻呂と道鏡』吉川弘文館）

巷間噂された俗説のため道鏡は大きく誤解されてきた。各地を訪ね歩きながらようやく次の推論を得た。

道鏡が宮中の内道場に入り込んで禅師となったのは密教経典と梵文（サンスクリット語）に通じていたからである。七六二年、孝謙上皇が保良宮滞在中、病気となったので、道鏡は宿曜秘法を用いて病を癒した。平安時代の末期に編まれた『宿曜占文抄』に拠れば当時の宿曜秘法は息災延命の秘術で、道鏡と孝謙との間に性的関係はなかった。

以後、陰陽師が登場し天文学や暦が急速に発達して北斗曼荼羅など貴族階級には異様な影響力を持ったが、道鏡の時代はあくまでも病気治療だった。ということはその後の道鏡の出世は孝謙上皇、称徳天皇重祚後の女帝の独断と言ってよい。

仲麻呂の乱を鎮圧し、淳仁を廃帝に追い込むと、称徳天皇は道鏡を大臣禅師に任じて政権を握った。

天平神護元年、天皇の弓削寺行幸の際、道鏡は太政大臣禅師に任ぜられた。そのうえ法王という未曾有の位階が与えられた。形式だけにせよ法王宮職が設置され、月料は天皇の供御に准じられた。道鏡は仏教を重視して殺生を禁止、ときに飲酒も禁止し、鷹匠まで廃して猟を禁じ、さらには貴族の墾田をいっさい禁じた。東大寺に対抗して西大寺、西隆寺を建立した。つまり道鏡は王宮人の大半を敵に回したのだ。仏教にのめりこんでいた称徳天皇の耳には貴族らの不満の声が達していなかった。だから不平貴族の間では如何にして道鏡を失脚させるかの謀《はかりごと》が進行したのである。

道鏡は仏教思想、政治哲学を身につけていた。仏教政治の確立に悩む孝謙天皇にとって理想の思想家に巡り会えた思いがしたのである。

孝謙天皇は父親の聖武天皇が目指した鎮護国家の具体化を模索していた。宗教としての仏教を政治と合体出来ないかを考えていた。

一方、藤原仲麻呂にとっての仏教は単なる政治の道具でしかない。仲麻呂の頭には唐の制度の日本化しかなく、仏教はそのための社会工学的なツールという認識であった。仏教への認識に明らかな断絶が生じ、二人はいずれ別離する運命にあった。

道鏡は政治目標への思想大系を仏教で補完するうえで、孝謙天皇時代から格好の指南役だったということである。

エピローグ　ミステリアスな後日談

高野（孝謙・称徳）天皇御陵にて

この女帝の人生とは何であったのか？

ド・ゴールの言葉がある。「歴史の魂は意思である。歴史とは対決である。敵との対決だけでなく、運命との対決、偉大さはおそらくは水面の上にしか確立されない」（村松剛『評伝アンドレ・マルロオ』新潮社）。

急にこの箴言《しんげん》を思い出した。まさに高野天皇の人生、その宿命を簡潔明瞭に表している。

奈良西大寺の北にある「佐紀高塚古墳《さきたかつか》」を宮内庁は第四十八代称徳天皇（第四十六代孝謙天皇重祚）の御陵と治定している。孝謙・称徳の二代をまとめて高野天皇と呼んだ『続日本紀』にならい、宮内庁の看板も「高野天皇」となっている。御陵は平地にあって環濠は

奈良市山稜町にある高野(孝謙・称徳)天皇御陵

ない。緑に囲まれているが佇まいにいかめしさはなく簡素である。それもあって、歴史学者の中には高野天皇の御陵はここではないとの主張もある。

いわゆる「高野天皇御陵」へは近鉄西大寺駅から北へ二十分ほど歩く。西大寺駅の北口ロータリーは令和四年七月に安倍晋三元首相が暗殺された現場である。

西大寺はちなみに東大寺に対して孝謙天皇が建立した由緒ある寺院で、発企は弓削道鏡だった。尼寺の西隆寺も建立した。

称徳天皇は宝亀元年（七七〇年）八月に平城宮の西宮寝殿で崩御。鈴鹿王（高市皇子次男）の旧宅の地に畿内・近国の役夫数千人を動員して山陵が造営された。一説に大和国添下郡佐貴郷の「高野山陵」に葬ったと伝わる。また『西大寺資財流記帳《しざいるきちょう》』でも佐紀高塚古墳ではなく西大寺の寺域西限を埋葬の地と推定している。幕末の文久年間に攘夷思想が爆発的となって、慌ただしく古陵が修陵され、「大和国西大寺往古敷地図」を基にして称徳天皇陵に治定《じじょう》された。現在の近鉄新大宮駅と西大寺の駅北側一帯と南側の近鉄沿線に添った区画が御所の位置だった。御所跡北東側に残る法華寺が藤原不比等邸だった。ここに孝謙天皇は御所改築工事中の一時期住んだ。奈良盆地の平面的な地勢、ほぼ総てが御所の高殿に登れば見渡せた。

向かい合う道鏡祠と孝謙天皇宮

道鏡と孝謙天皇を祭る小さな祠《ほこら》がなぜか常陸《ひたち》国にあるという。擱筆《かくひつ》する前にその現場へ出向いた。

茨城県小美玉市竹原へは東京駅から特急「ときわ」で一時間十分ほどのJR石岡駅で降りる。駅前でタクシーを拾った。運転手は「孝謙天皇宮と道鏡の祠？　ここで長年（タクシーを）やっとるけど行ったことないですよ」。

私は簡単な手書きの地図を見せ、また運転手は携帯電話で位置を確認すると二つの祠とも地図に明示があった。便利な時代になったものである。歴史的遺物を探す旅は往々にして道に迷うことが多いから、最近の携帯電話は助かる。

竹原小学校の付近に常駐禰宜《ねぎ》のいない椿山稲荷神社（永禄二年創建）がある。古色蒼然たる社で、誰もいない。その本殿の右奥に道鏡の小祠があって風雨で傷んだ標識が立っている。道鏡小祠は付近に鎮座していたものを昭和四十年代になって椿山八幡神社の境内へ遷座したという。床下には伝説に添って石棒《ファロス》がどしんと安置されていて苦笑した。

この祠から茨城空港アクセス道路と旧水戸街道の交差点を越えて路地に入り、小高い丘を登ると、小さな孝謙天皇宮がある。ミニチュア神社とはいえ、石碑と看板がある。方角的に言えばふたりは向かい合うように位置している。距離はおよそ二キロ。

地元の人々が二人に敬意を表して資金を出し合い、黙々と労働力を提供したのだ。孝謙天皇御陵は奈良市西大寺の北に宮内庁が治定した「高野天皇稜」があり、道鏡塚は下野《しもつけ》薬師寺のそばの龍興寺の境内にあることは前章でも見た。

なぜ常陸の国（茨城県）に道鏡の小祠と孝謙天皇宮があるのか？　地元の伝説では竹原の人々が集団訴訟を強行しようとしたとき、道鏡が竹原の庶民に有利な解決をしてくれた恩義からだという。『続日本紀』にも『古事談』にも、そういう経緯は一切無いから、地元だけに伝わる稗史《はいし》だろう。

そもそも下野薬師寺別当に左遷されてからの道鏡が何をしたか、あらゆる史書に記録がない。しかし薬師寺別当として、道鏡が当時の寺領の争いの解決にあたったことは想像がつく。下野にある龍興寺境内の道鏡塚案内板には「地元では慕われた」と書かれているのだ。

それにしても道鏡の小祠の床下に石棒とは意外だった。おそらく遷座工事の際に後世の作り話の道鏡巨根説に拠ったのだろう。ちなみに日本で出土した最長の石棒は長野県の千曲川支流、北澤川に立っていた高さ二メートル三十五センチ、幅二十五センチの長大なもの、風雪被害で腐食が激しくなり、令和四年に屋内へ移された。世界を見渡せば、石棒ならアイルランドの「タラ王の丘」が有名だろう。ストーンサークルは英国のストーンヘンジ、マルタ島の古代の祭祀の場所と想定される石造りの構造物がある。日本でも秋田県などにストーンサークルが残っている。石棒は信濃の北沢のほか、長野、山梨の縄文遺跡から相当数が発掘された。

それなら藤原仲麻呂の墓はどこか

調べてみても首塚も胴塚もないのである。権力の頂点にあった「英雄」の墓がない！
それが歴史の歴然たる評価なのか。たとえば藤原北家一族の墓は宇治平等院に近い木幡の丘陵に三十以上の集団墓地がある。私は源氏物語論（『藤原道長　千年の夢』徳間書店）を書くとき、モデルとなった藤原道長の墓を見つけるべく現地に出向いた。驚いたことに住宅地の一角にある藤原道長墓稜はゴミの集積場のように雑草だらけだった。これもやはり「英雄」にふさわしいのか？

かの明智光秀の墓と伝承されるのは比叡山麓・坂本の西教寺（明智夫人を祀る）と岐阜県可児市山麓など数カ所にある。首塚と胴塚は亀岡市と福知山市の寺のほか京都市山科の明智藪《やぶ》近くにもある。さらに光秀を祭る御霊神社が福知山市内に建立されている。それが名君と慕われた地元の人たちの明智光秀に対する評価で、通説とはまったく異なる（拙著『明智光秀　五百年の孤独』徳間書店）。

仲麻呂と縁の深い寺といえば、父・武智麻呂追悼のために生前の仲麻呂が建立したのが高野山麓・五條市にある栄山寺で、そこに国宝になっている八角堂がある（P151写真参照）。栄山寺は藤原不比等の長子、武智麻呂が養老三年（七一九年）に創建した。藤原南家の菩提寺として鎌倉時代まで栄え、南北朝時代に後村上・長慶・後亀山天皇の行在所《あんざい》（仮宮）が置かれた。本堂と石灯籠（重文）、そして八角堂を藤原仲麻呂が父の菩提を弔うために建立したのだ。藤原仲麻呂の部下か信奉者か縁者が遺品を栄山寺境内の何処かに埋めたのではないか、寺を見学し境内を観察しながらそう思った。栄山寺が藤原南家の菩提寺だったという来歴がそのことを物語っていまいか。ただし藤原仲麻呂の首塚、胴塚らしきものは栄山寺境内には見当らない。この栄山寺はJR五条駅からやや遠く、歩くと一時間ほどかかる。

藤原仲麻呂の実兄で五年間の逼塞を余儀なくされながらも乱後ただちに中央政界に復帰した藤原豊成については奈良市内の徳融寺境内に立派な墓稜がある。やはり人柄だろう。

日本には古代よりの信仰があり、古代神道は経典もなければ布教もしないから、仏教が渡来すると朝廷内で猖獗《しょうけつ》を極めた。ちょうど西洋文化を有難がった明治の「文明開化」のごとくである。

仏教に淫していた孝謙上皇が道鏡を寵愛するようになったのは道鏡のファロスのせいではなく、仏教思想を体現する指導者としての尊敬からである。ふたりに性愛関係はなかった。道鏡巨根説が生まれたのは四百五十年後からだった経過は述べた。江戸の川柳たるや「両の手で孝謙帝は御握り」とか、「道鏡は座ると膝が三つでき」「道鏡に根までいれろと詔」「弓削形はきらしましたと小間物屋」。たしかに傑作といえば傑作である。道鏡と孝謙の面白おかしき伝説は戦後も映画になった（昭和三十八年の『妖僧』は市川雷蔵主演。仲麻呂役は若山富三郎。女帝役は藤由紀子だった）。

天皇《すめらぎ》は民の弥栄《いやさか》を祈る

古代の日本は唐の文化と諸制度を模範とし、宮廷人は「先進国」として唐を仰ぎ見ていた。たしかに漢字も経典も政治システムの智慧も大陸からもたらされた。

「大化改新」とは仏教擁護者の蘇我一族を討った政変であり、十七条憲法と大宝律令は仏教と法治システムを日本的に吟味し検証し、咀嚼《そしゃく》した結果、定められた。

「壬申の乱」は皇位継承の争いというだけではない。近江朝を壟断《ろうだん》した親唐派の排斥という意図が基軸にあった。歴史学者でそのことを述べた人はほとんどいない。松本清張などは、壬申の乱を皇位簒奪ととらえた。

天智天皇の息子、大友皇子（千百年後、明治政府が弘文天皇と追号し皇統譜に加えた）の側近は百済の亡命王族だらけで、自分たちの利害から新羅征伐の再組織化を進言していた。もし大海人皇子（天武天皇）が蹶起しても、地方豪族が応援に馳せ参じるであろうと近江朝は期待したが、西国の豪族は誰ひとり大友皇子のために駆けつけなかった。近江朝の反新羅路線を危険視していたからだ。

唐が先進国というのは幻想だと悟った大海人皇子は、天武天皇として即位した後、遣唐使を三十年以上、中断した。

学ぶべきは学んだ。先進的と思われた制度も日本的に活かせるモノがあれば取り入れた。これ以上唐と付き合っても裨益《ひえき》することはなく、かえって邪教や疫病の輸入は御免だった。

藤原道長時代に「刀伊《とい》の入寇」という女真族の海賊集団による組織的侵略はあったが、防人たちが撥ねのけ、以後十三世紀の元寇まで日本は事実上の鎖国状態だった。

天照大神は女性だった。暴れん坊の弟スサノオを高天原から追放するか否かを、天安河《あまのやすか》原に八百万の神々を集めて合議した。多数決は民主政治の原理である。聖徳太子は「和《わ》」を説いた。これが日本社会の基本の掟だった。

その日本にも独裁者が時折現れた。蘇我稲目、馬子、蝦夷・入鹿親子の三代。ついで藤原仲麻呂、そして織田信長である。いずれも天に代わって蹶起した中大兄皇子、吉備真備、明智光秀によって討たれた。独裁者の出現はその後の日本にはない。

藤原道長？「我が世とぞ思う」と詠んだだけである。摂関政治は参議の合意によって物事を決めた。

秀吉？　たしかに独裁者に近いが、家康など諫言する側近がいたし、跡継ぎの秀頼を盛り立てようとした大名はいなかった。井伊直弼？　大久保利通？　いずれもスタイルは独裁的に見えたが、最高意志決定機関における合議を重んじた。しかし誤解され暗殺された。

新井白石は古代から近世までの天皇政治を明瞭に九つの時代に区分した。

すなわち天皇が幼少だったので外祖父の藤原良房が摂政として政治を代行したのが第一の変化。天皇の外戚が権力を掌握したのだ。第二は藤原氏が政治を壟断した時代。そして第三の変化とは「六十三代の冷泉から円融、花山、一条、三条、後一条、後朱雀、後冷泉の八代百三年間というものは外戚藤原氏が権力をほしいままにした」（新井白石『読史余論』

横井清現代語訳。講談社学術文庫)。

まさに藤原仲麻呂の乱は、この区分で言えば第二の変化期に該当する。藤原道長は白石が区分けした「第三の変化」の時期にあたる。因みに続きは(四)後三条の摂関家牽制、(五)院政、(六)鎌倉殿、(七)北条氏九代＝陪臣の身で国政掌握した時代、(八)後醍醐天皇の建武の新政、(九)南北朝分立と室町幕府——となる。いずれも権力状況としての政権掌握が実態であり、シナ大陸のような皇帝の独裁はなかった。

徳川の権力はといえば天皇からまつりごとを任された征夷大将軍であって、その幕府の学問は儒教の朱子学を主柱としながらも皇国史観、神州概念、攘夷思想の流れとなって水戸学へと迸《ほとばし》り、大政奉還となる。この日本独自の思想には外国の影響がほとんど見られず、徳川幕府は政治勢力としての仏教を抑え込んだ。幕末に尊皇思想が強烈となって平田篤胤《ひらたあつたね》学派が猖獗を極め、廃仏毀釈《はいぶつきしゃく》が興り、推古天皇以来の仏教政治はほぼ消滅した。

古来、天皇は和歌を詠まれた。神代のスサノオ、オオクニヌシノミコトから和歌が日本人の心情を代弁した。

第四十一代、女帝の持統天皇は初めて大嘗祭を催行され、飛鳥浄御原令を施行され、太陰暦を採用した。

春過ぎて　夏きたるらし　白妙の
衣ほしたり　天の香具山

持統天皇のこの有名な和歌の解説は不要だろう。

元明天皇はやはり女帝。在位は十二年に及び、藤原京から平城京へ移された。この元明女帝の御代に『古事記』が完成した。

ますらおの　鞆《とも》の音すなり
物部の大臣《おおまえつきみ》　楯立つらしも

この和歌は大嘗祭前夜、宮内を払い清めの弦打ち（鞆の音）が厳粛に鳴り響いた様を詠んでいて、即位と統治への厳粛な雰囲気が静かに表現されている。

元明の後も女帝、元正天皇である。聖武天皇が成人となられるのを待つまでの九年間、元正天皇期に『日本書紀』が著され、養老律令が制定された。

孝謙天皇は起伏激しく波瀾万丈の治政、のちに称徳天皇として重祚されたので、在位は合わせると十五年に及ぶ。しかも中継ぎの淳仁天皇の六年間も上皇としてまつりごとの中枢にあった。この御代に漢詩集『懐風藻』が成立、大伴家持が『万葉集』の編纂をしていた。孝謙天皇は道鏡との関係を疑われたが、父親・聖武天皇の崇仏路線を継承し、仏教国家を目指した。唐へ渡る遣唐使の送別会で次の歌を詠んだ。

そらみつ　大和の国は　水の上は　地行く如く
船の上は　床に居るごとく
大神の斎える国ぞ　四つの船　船の舳並べ
平けく　早渡り来て　返り言
奏《もう》さむ日に　相飲まむ酒ぞ　この豊御酒は

（我国は水上にあっても地上を行くように、船上にあっても床の上にいるように、大神が護る国。四隻の遣唐使船が舳先を並べて無事唐国に渡り、早く帰国し、復命を奏上する日に一緒に飲む酒ぞ、この美酒は）

「四の船」とは遣唐使船が通常四隻で唐に渡ったことを指す。
淳仁廃帝が詠んだとされる和歌とは、

天地を照らす　日月の極みなく
　あるべきものを　何をか思はむ

（天地を照らす太陽や月のように　皇位は無窮であるはずのもの、当然のことを考える必要があろうか）

かくしてわが国の天皇は民の安寧と国家の弥栄《いやさか》を高らかに謳う歌人の系譜である。この小冊で取り上げた、大化の改新以後、天智、弘文、天武、持統、文武、元明、元正、聖武、孝謙、淳仁、称徳、光仁の十二代十一人の和歌のなかから数例を一瞥しただけでも、苛烈な一方で華やかだった王朝の光と影が浮かびあがる。

宮崎正弘（みやざき・まさひろ）
評論家。1946年、金沢市生まれ。早稲田大学中退。「日本学生新聞」編集長、雑誌『浪曼』企画室長を経て、貿易会社を経営。82年、『もうひとつの資源戦争』（講談社）で論壇に登場後、国際政治、経済の舞台裏を独自の情報で解析するとともに、中国ウォッチャーの第一人者として健筆をふるう。著書『習近平、最悪の５年間が始まった』（ワック。石平氏との共著）など。また歴史評論では『神武天皇以前』（育鵬社）、『明智光秀　五百年の孤独』（徳間書店）、『こう読み直せ！　日本の歴史』（ワック）など多数。

二度《にど》天皇《てんのう》になった女性《じょせい》
孝謙《こうけん》・称徳女帝《しょうとくじょてい》の光《ひかり》と影《かげ》

2024年４月29日　初版発行

著　者　宮崎 正弘

発行者　鈴木 隆一

発行所　ワック株式会社
東京都千代田区五番町 4 - 5　五番町コスモビル　〒 102 - 0076
電話　03 - 5226 - 7622
http://web-wac.co.jp/

印刷製本　大日本印刷株式会社

ISBN978-4-89831-898-0